CODE
ÉLECTORAL.

PARIS. IMPRIMERIE DE DECOURCHANT,
Rue d'Erfurth, n° 1, près de l'Abbaye.

CODE
ÉLÉCTORAL,

CONTENANT

1° La **CHARTE CONSTITUTIONNELLE** annotée, les **LOIS ET ORDONNANCES RELATIVES AUX ÉLECTIONS**;

2° Un **TRAITÉ DES DROITS ÉLECTORAUX**, avec la solution des principales difficultés qui s'y rattachent

PAR M. DE N****,

Avocat à la Cour royale.

DEUXIÈME ÉDITION.

A PARIS,

CHEZ Mme Vve HOUZÉ, LIBRAIRE,

RUE DES PETITS-AUGUSTINS, N° 15.

1829

AVANT-PROPOS.

Une première édition de cet ouvrage, épuisée en quelques mois, nous permet d'offrir aujourd'hui au public un travail moins imparfait. A la législation électorale qu'il renferme tout entière, nous avons joint les ordonnances qui régissent la tenue des colléges et la police des élections, en même temps que la loi sur la circonscription, et les tableaux nécessaires. Enfin d'un commentaire qui ne consistait qu'en de simples notes, nous avons fait un traité méthodique, où l'électeur pourra puiser la connaissance entière de ses droits.

Nous avons cru, pour éviter toute confusion, devoir faire deux parts de notre ouvrage, et ne présenter dans la première que le texte pur des lois, dont la seconde offrira le développement, et résoudra les difficultés. C'est dans celle-ci, qu'à l'aide des bons esprits qui ont, avant nous, porté le jour sur cette matière, nous passons successivement en revue toutes les conditions que la loi requiert de l'électeur, et toutes les questions que l'expérience neuve encore de nos droits politiques, a jusqu'à ce jour fait surgir. Leur solution est le plus souvent appuyée de l'autorité des jurisconsultes, ou de la sagesse des cours; quelquefois cependant, et nous aussi, nous avons cru pouvoir ouvrir un avis, mais sans mettre jamais de côté cette défiance de soi-même, qui convient si bien à ceux qui, comme nous, jeunes encore, n'ont, à défaut de talent et d'autorité, que l'espérance d'être utiles, et la volonté de bien faire.

Nous ne croyons pas avoir besoin d'apologie, pour avoir séparé entièrement la législation électorale de celle du jury. Les fonctions de l'électeur et celles du juré diffèrent aussi essentiellement que celles du député et du magistrat. Tous deux sans doute remplissent un ministère également élevé, tous deux doivent au pays de n'exercer la puissance qui leur est confiée qu'avec calme et réflexion, mais chacun l'exerce dans une sphère séparée. Nous n'avons donc pas dû oublier que nous n'avions à nous occuper que des premiers.

TABLE

DES MATIÈRES.

TRAITÉ DES DROITS ÉLECTORAUX.

CODE ÉLECTORAL.

CHARTE

CONSTITUTIONNELLE.

Du 4 juin 1814.

LOUIS, par la grâce de Dieu, ROI DE FRANCE ET DE NAVARRE,

A tous ceux qui ces présentes verront, SALUT.

La divine Providence, en nous rappelant dans nos États après une longue absence, nous a imposé de grandes obligations. La paix était le premier besoin de nos sujets : nous nous en sommes occupés sans relâche; et cette paix, si nécessaire à la France comme au reste de l'Europe, est signée. Une Charte constitutionnelle était sollicitée par l'état actuel du royaume; nous l'avons promise, et nous la publions. *Nous avons considéré* que, bien que l'autorité tout entière résidât en France dans la personne du Roi, nos prédécesseurs n'avaient point hésité à en modifier l'exercice, suivant la différence des temps; que c'est ainsi que les communes ont dû leur affranchissement à Louis le Gros, la confirmation et l'extension de leurs droits à saint Louis et à Philippe le Bel ; que l'ordre judiciaire a été établi et développé par les lois de Louis XI, de Henri II et de Charles IX ; enfin, que Louis XIV a réglé presque toutes les parties de l'administration publique par différentes ordonnances dont rien encore n'avait surpassé la sagesse.

Nous avons dû, à l'exemple des Rois nos prédécesseurs, apprécier les effets des progrès toujours croissans des lumières, les rapports nouveaux que ces progrès ont introduits dans la société, la direction imprimée aux esprits depuis un demi-siècle, et les graves altérations qui en sont résultées : nous avons reconnu que le vœu de nos sujets pour une Charte constitutionnelle était l'expression d'un besoin réel; mais, en cédant à ce vœu, nous avons pris toutes les précautions pour que cette Charte fût digne de nous et du peuple auquel nous sommes fiers de commander. Des hommes sages, pris dans les premiers corps de l'État, se sont réunis à des commissaires de notre Conseil, pour travailler à cet important ouvrage.

En même temps que nous reconnaissions qu'une constitution libre et monarchique devait remplir l'attente de l'Europe éclairée, nous avons dû nous souvenir aussi que notre premier devoir envers nos peuples était de conserver, pour leur propre intérêt, les droits et les prérogatives de notre couronne. Nous avons espéré qu'instruits par l'expérience, ils seraient convaincus que l'autorité suprême peut seule donner aux institutions qu'elle établit, la force, la permanence et la majesté dont elle est elle-même revêtue; qu'ainsi, lorsque la sagesse des rois s'accorde librement avec le vœu des peuples, une Charte constitutionnelle peut être de longue durée; mais que, quand la violence arrache des concessions à la faiblesse du gouvernement, la liberté publique n'est pas moins en danger que le trône même. Nous avons enfin cherché les principes de la Charte constitutionnelle dans le caractère français, et dans les monumens vénérables des siècles passés. Ainsi nous avons vu dans le renouvellement de la pairie une institution vraiment nationale, et qui doit lier tous les souvenirs à toutes les espérances, en réunissant les temps anciens et les temps modernes.

Nous avons remplacé par la Chambre des Députés ces anciennes assemblées des Champs de Mars et de Mai, et ces chambres du tiers-état, qui ont si souvent donné tout à la fois des preuves de zèle pour les intérêts du peuple, de fidélité et de respect pour l'autorité des rois. En cherchant ainsi à renouer la chaîne des temps, que de funestes écarts avaient interrompue, nous avons effacé de notre souvenir, comme nous voudrions qu'on pût les effacer de l'histoire, tous les maux qui ont affligé la patrie durant notre absence. Heureux de nous retrouver au sein de la grande famille, nous n'avons su répondre à l'amour dont nous recevons tant de témoignages, qu'en prononçant des paroles de paix et de consolation. Le vœu le plus cher à notre cœur, c'est que tous les Français vivent en frères, et que jamais aucun souvenir amer ne trouble la sécurité qui doit suivre l'acte solennel que nous leur accordons aujourd'hui.

Sûrs de nos intentions, forts de notre conscience, nous nous engageons, devant l'assemblée qui nous écoute, à être fidèles à cette Charte constitutionnelle, nous réservant d'en jurer le maintien, avec une nouvelle solennité, devant les autels de celui qui pèse dans la même balance les rois et les nations.

A CES CAUSES,

NOUS AVONS volontairement, et par le libre exercice de notre autorité royale, ACCORDÉ ET ACCORDONS, FAIT CONCESSION ET OCTROI à nos sujets, tant pour nous que pour nos successeurs, et à toujours, de la *Charte constitutionnelle* qui suit :

Droit public des Français.

Art. 1er. *Les Français sont égaux devant la loi*, quels que soient d'ailleurs leurs titres et leurs rangs.

2. Ils contribuent indistinctement, dans la proportion de leur fortune, aux charges de l'État.

3. Ils sont tous également admissibles aux emplois civils et militaires.

4. *Leur liberté individuelle est également garantie*, personne ne pouvant être poursuivi ni arrêté que dans les cas prévus par la loi, et dans la forme qu'elle prescrit.

5. *Chacun* professe sa religion avec une égale liberté, et *obtient pour son culte la même protection.*

6. Cependant *la religion catholique*, apostolique et romaine, est la religion de l'État.

7. Les ministres de la religion catholique, apostolique et romaine, et ceux des autres cultes chrétiens, reçoivent seuls des traitemens du trésor royal.

8. *Les Français ont le droit de publier et de faire imprimer leurs opinions*, en se conformant aux lois qui doivent réprimer les abus de cette liberté.

9. *Toutes les propriétés* sont inviolables, sans aucune exception de celles qu'on appelle *nationales*, la loi ne mettant aucune différence entre elles.

10. L'État peut exiger le sacrifice d'une propriété pour cause d'intérêt public légalement constaté, mais avec une *indemnité préalable.*

11. Toutes recherches des opinions et votes émis jusqu'à la restauration sont interdites. Le même oubli est commandé aux tribunaux et aux citoyens.

12. La conscription est abolie. Le mode de recrutement de l'armée de terre et de mer est déterminé par une loi.

Formes du gouvernement du Roi.

13. La personne du Roi est inviolable et sacrée. Ses ministres sont responsables. Au Roi seul appartient la puissance exécutive.

14. Le Roi est le chef suprême de l'État, commande les forces de terre et de mer, déclare la guerre, fait les traités de paix, d'alliance et de commerce, nomme à tous les emplois d'administration publique, et fait

les réglemens et ordonnances nécessaires pour l'exécution des lois et la sûreté de l'État.

15. La puissance législative s'exerce collectivement par le Roi, la Chambre des Pairs et la Chambre des Députés des départemens.

16. Le Roi propose la loi.

17. La proposition de la loi est portée, au gré du Roi, à la Chambre des Pairs ou à celle des Députés, excepté la loi de l'impôt, qui doit être adressée d'abord à la Chambre des Députés.

18. Toute loi doit être discutée et votée librement par la majorité de chacune des deux Chambres.

19. Les Chambres ont la faculté de supplier le Roi de proposer une loi sur quelque objet que ce soit, et d'indiquer ce qu'il leur paraît convenable que la loi contienne.

20. Cette demande pourra être faite par chacune des deux Chambres, mais après avoir été discutée en comité secret : elle ne sera envoyée à l'autre Chambre par celle qui l'aura proposée, qu'après un délai de dix jours.

21. Si la proposition est adoptée par l'autre Chambre, elle sera mise sous les yeux du Roi; *si elle est rejetée,* elle ne pourra être représentée dans la même session.

22. Le Roi seul sanctionne et promulgue les lois.

23. La liste civile est fixée pour toute la durée du règne, par la première législature assemblée depuis l'avénement du Roi.

De la Chambre des Pairs.

24. La Chambre des Pairs est une portion essentielle de la puissance législative.

25. Elle est convoquée par le Roi en même temps que la Chambre des Députés des départemens. La session de l'une commence et finit en même temps que celle de l'autre.

26. Toute assemblée de la Chambre des Pairs qui serait tenue hors du temps de la session de la Chambre des Députés, ou qui ne serait pas ordonnée par le Roi, est illicite et nulle de plein droit.

27. La nomination des Pairs de France appartient au Roi. Leur nombre est illimité : il peut en varier les dignités, les nommer à vie ou les rendre héréditaires, selon sa volonté.

28. Les Pairs ont entrée dans la Chambre à vingt-cinq ans, et voix délibérative à trente ans seulement.

29. La Chambre des Pairs est présidée par le chancelier de France, et, en son absence, par un Pair nommé par le Roi.

30. Les membres de la famille royale et les princes du sang sont pairs par le droit de leur naissance. Ils siégent immédiatement après le président; mais ils n'ont voix délibérative qu'à vingt-cinq ans.

31. Les princes ne peuvent prendre séance à la Chambre que de l'ordre du Roi, exprimé pour chaque session par un message, à peine de nullité de tout ce qui aurait été fait en leur présence.

32. Toutes les délibérations de la Chambre des Pairs sont secrètes.

33. La Chambre des Pairs connaît des crimes de haute trahison et des attentats à la sûreté de l'Etat qui seront définis par la loi.

34. Aucun Pair ne peut être arrêté que de l'autorité de la Chambre, et jugé que par elle en matière criminelle.

De la Chambre des Députés des départemens.

35. La Chambre des Députés sera composée des Députés élus par les colléges électoraux dont l'organisation sera déterminée par des lois.

36. *Chaque département aura le même nombre de Députés qu'il a eu jusqu'à présent.*

37. *Les Députés seront élus pour cinq ans*, et de manière que la Chambre soit renouvelée, chaque année, par cinquième.

38. Aucun Député ne peut être admis dans la Chambre s'il n'est âgé de quarante ans, et s'il ne paie une contribution directe de mille francs.

39. Si néanmoins il ne se trouvait pas dans le département cinquante personnes de l'âge indiqué, payant au moins mille francs de contributions directes, leur nombre sera complété par les plus imposés au-dessous de mille francs, et ceux-ci pourront être élus concurremment avec les premiers.

40. Les électeurs qui concourent à la nomination des Députés ne peuvent avoir droit de suffrage s'ils ne

paient une contribution directe de trois cents francs, et s'ils ont moins de trente ans.

41. Les présidens des colléges électoraux seront nommés par le Roi, et de droit membres du collége.

42. La moitié au moins des Députés sera choisie parmi des éligibles qui ont leur domicile politique dans le département.

43. Le président de la Chambre des Députés est nommé par le Roi, sur une liste de cinq membres présentée par la Chambre.

44. Les séances de la Chambre sont publiques; mais la demande de cinq membres suffit pour qu'elle se forme en comité secret.

45. La Chambre se partage en bureaux pour discuter les projets qui lui ont été présentés de la part du Roi.

46. Aucun amendement ne peut être fait à une loi, s'il n'a été proposé ou consenti par le Roi, et s'il n'a été renvoyé et discuté dans les bureaux.

47. La Chambre des Députés reçoit toutes les propositions d'impôts; ce n'est qu'après que ces propositions ont été admises, qu'elles peuvent être portées à la Chambre des Pairs.

48. Aucun impôt ne peut être établi ni perçu, s'il n'a été consenti par les deux Chambres et sanctionné par le Roi.

49. L'impôt foncier n'est consenti que pour un an. Les impositions indirectes peuvent l'être pour plusieurs années.

50. Le Roi convoque chaque année les deux Cham-

bres : il les proroge et peut dissoudre celle des Députés des départemens : mais dans ce cas, il doit en convoquer une nouvelle dans le délai de trois mois.

51. Aucune contrainte par corps ne peut être exercée contre un membre de la Chambre, durant la session, et dans les six semaines qui l'auront précédée ou suivie.

52. Aucun membre de la Chambre ne peut, pendant la durée de la session, être poursuivi ni arrêté en matière criminelle, sauf le cas de flagrant délit, qu'après que la Chambre a permis sa poursuite.

53. Toute pétition à l'une ou à l'autre des Chambres ne peut être faite et présentée que par écrit. La loi interdit d'en apporter en personne et à la barre.

Des Ministres.

54. Les ministres peuvent être membres de la Chambre des Pairs ou de la Chambre des Députés. Ils ont en outre leur entrée dans l'une ou l'autre Chambre, et doivent être entendus quand ils le demandent.

55. La Chambre des Députés a le droit d'accuser les ministres, et de les traduire devant la Chambre des Pairs, qui seule a celui de les juger.

56. Ils ne peuvent être accusés que pour fait de trahison ou de concussion. *Des lois particulières* spécifieront cette nature de délits, et en détermineront la poursuite.

De l'ordre judiciaire.

57. Toute justice émane du Roi. Elle s'administre en son nom par des juges qu'il nomme et qu'il institue.

58. *Les juges, nommés par le Roi, sont inamovibles.*

59. Les cours et tribunaux ordinaires actuellement existans sont maintenus. Il n'y sera rien changé qu'en vertu d'une loi.

60. L'institution actuelle des juges de commerce est conservée.

61. La justice de paix est également conservée. Les juges de paix, quoique nommés par le Roi, ne sont point inamovibles.

62. Nul ne pourra être distrait de ses juges naturels.

63. Il ne pourra en conséquence être créé de commissions et tribunaux extraordinaires. Ne sont pas comprises sous cette dénomination les juridictions prévôtales, si leur rétablissement est jugé nécessaire.

64. Les débats seront publics en matière criminelle, à moins que cette publicité ne soit dangereuse pour l'ordre et les mœurs; et, dans ce cas, le tribunal le déclare par un jugement.

65. L'institution des jurés est conservée. Les changemens qu'une plus longue expérience ferait juger nécessaires, ne peuvent être effectués que par une loi.

66. La peine de la confiscation des biens est abolie, et ne pourra pas être rétablie.

67. Le Roi a le droit de faire grâce, et celui de commuer les peines.

68. *Le Code civil et les lois actuellement existantes* qui ne sont pas contraires à la présente Charte, restent en vigueur jusqu'à ce qu'il y soit légalement dérogé.

Droits particuliers garantis par l'État.

69. Les militaires en activité de service, les officiers et soldats en retraite, les veuves, les officiers et soldats pensionnés, conserveront leurs grades, honneurs et pensions.

70. La dette publique est garantie. Toute espèce d'engagement pris par l'État avec ses créanciers est inviolable.

71. La noblesse ancienne reprend ses titres. La nouvelle conserve les siens. Le Roi fait des nobles à volonté; mais il ne leur accorde que des rangs et des honneurs, sans aucune exemption des charges et des devoirs de la société.

72. La Légion-d'Honneur est maintenue. Le Roi déterminera les réglemens intérieurs et la décoration.

73. Les colonies seront régies par des lois et des réglemens particuliers.

74. *Le Roi et ses successeurs jureront*, dans la solennité de leur sacre, *d'observer fidèlement la présente Charte* constitutionnelle.

Articles transitoires.

75. Les Députés des départemens de France qui siégeaient au Corps législatif lors du dernier ajournement, continueront de siéger à la Chambre des Députés, jusqu'à remplacement.

76. Le premier renouvellement d'un cinquième de la Chambre des Députés aura lieu au plus tard en l'année 1816, suivant l'ordre établi entre les séries.

Nous ordonnons que la présente Charte constitutionnelle, mise sous les yeux du Sénat et du Corps législatif, conformément à notre proclamation du 2 mai, sera envoyée incontinent à la Chambre des Pairs et à celle des Députés.

Donné à Paris, le 4 juin, l'an de grâce 1814, et de notre règne le dix-neuvième.

Signé LOUIS.

Visa :

Le chancelier de France.

Signé Dambray.

Et plus bas :

Le ministre secrétaire d'État.

Signé l'abbé de Montesquiou.

OBSERVATIONS

SUR LA CHARTE CONSTITUTIONNELLE.

A tous ceux qui ces présentes verront. — Première missive de Louis XVIII aux Français, la déclaration de Saint-Ouen avait précédé l'entrée du Roi à Paris. Cette déclaration était ainsi conçue : « Rappelé par l'amour de notre peuple au trône » de nos pères, éclairé par les malheurs de la nation que nous » sommes destiné à gouverner, notre première pensée est d'in- » voquer cette confiance mutuelle, si nécessaire à notre repos, » à son bonheur. Résolu d'adopter une constitution libérale, » nous voulons qu'elle soit sagement combinée, et lui donner » pour bases les garanties suivantes : Le gouvernement repré- » sentatif sera maintenu, tel qu'il existe aujourd'hui, divisé » en deux corps ; l'impôt sera librement consenti ; la liberté » publique et individuelle assurée ; la liberté de la presse » respectée, sauf les précautions nécessaires à la tranquillité

» publique; la liberté des cultes garantie; les propriétés seront » inviolables et sacrées; la vente des biens nationaux restera » irrévocable. — Les ministres, responsables, pourront être » poursuivis par l'une des Chambres et jugés par l'autre. — » Les juges seront inamovibles, et le pouvoir judiciaire indé- » pendant. — La dette publique sera garantie; les pensions, » grades et honneurs militaires seront conservés, ainsi que » l'ancienne et la nouvelle noblesse. — La Légion-d'Honneur, » dont nous déterminerons la décoration, sera maintenue. — » Tout Français sera admissible aux emplois civils et militaires. » Enfin, nul individu ne pourra être inquiété pour ses votes » et opinions. »

Nous avons considéré. — Le royal auteur de la Charte l'observait avec justesse; la liberté en France, bien que souvent opprimée, et, pour ainsi dire, suspendue, n'est pourtant pas née d'hier. Ne faisons pas à nos aïeux l'injure de croire qu'ils aient toujours méconnu leurs droits. Sans remonter à ces assemblées antiques dont nous parle Tacite, et qu'observaient sans doute les Francs originaires de la Germanie; sans parler de ces champs de mai, de ces cours plénières qui n'en dûrent être que la suite et le développement, alors même que le système féodal dominait en France, nous voyons les communes lever la tête, les villes revendiquer leurs priviléges, les états-généraux discuter les intérêts de la nation, exposer leurs griefs, et trop rarement sans doute, mais quelquefois cependant, obtenir réparation des torts, et satisfaction à leurs doléances. Imparfaitement, mais courageusement représentés par les parlemens, ceux-ci ne cessèrent de porter au pied du trône leurs remontrances, et de continuer, par leurs protestations, nos traditions d'indépendance, que lorsque, appelés au secours de la France par un monarque rempli de bien-vouloir, furent convoqués les états-généraux de 1789. On sait trop qu'après deux siècles de silence, destituée de précédens, de souvenirs qui pussent la retenir dans de justes bornes, distinguant mal l'usage de l'abus, dépassant le bien dans l'espoir du mieux, cette assemblée et celles qui lui succédèrent jetèrent la France dans les tourmentes des révolutions, puis dans l'enivrement des conquêtes, dont le retour de ses rois et de ses libertés légitimes, désormais inséparables, ne devaient la faire sortir qu'après vingt années.

Nous rappellerons deux des antiques usages de nos états-généraux, dont le souvenir nous paraît devoir être conservé. Le premier, c'est que les députés qui y prenaient place ne pouvaient être revêtus d'aucune autre fonction publique salariée et amovible, témoin des ordonnances qui remontent au XIVe siècle, et entre autres celles de Blois et de Moulins. On craignait que cette espèce de cumul ne portât atteinte à leur indépendance, ou tout au moins ne les exposât au soupçon. Peut-être sentait-on dès lors, comme on l'a fort justement observé depuis, que le salaire d'une place qu'on ne fait pas, qu'on ne peut pas faire pendant une session longue et laborieuse, devient réellement le salaire de celle que l'on remplit. On sait qu'en Angleterre toute acceptation de place entraîne une réélection. Pareille proposition avait dernièrement été prise en considération par la Chambre élective ; mais la Chambre héréditaire a ajourné cette mesure. Le second était que les députés recevaient de leurs mandans des cahiers qui renfermaient le vœu de ceux-ci, qu'ils s'engageaient à faire valoir; restant ainsi, pendant toute la durée des états, et en quelque sorte sous peine de forfaiture, les interprètes de la volonté nationale.

Charte constitutionnelle. — L'ordonnance du 9 mars 1815 portait : « Nous voulons que la Charte constitutionnelle soit le » point de ralliement et le signe d'alliance de tous les Fran- » çais ; » la loi du 15 mars 1815 : « Le dépôt de la Charte » constitutionnelle et de la liberté publique est confié à la fidé- » lité et au courage de l'armée, des gardes nationales et de » tous les citoyens. »

Les Français sont égaux devant la loi. — Les différentes

constitutions qui se sont si rapidement succédé pendant la révolution ont rendu le même hommage aux principes que trop souvent, par malheur, sont venus démentir les faits. Ainsi la fameuse déclaration de septembre 1791 porte : « Art. 1er. Les » hommes naissent et demeurent libres et égaux en droits. Les » distinctions sociales ne peuvent être fondées que sur l'utilité » commune. — 2. Le but de toute association politique est » la conservation des droits naturels et imprescriptibles de » l'homme; ces droits sont la liberté, la propriété, la résistance » à l'oppression. — 3. La loi n'a le droit de défendre que les » actions nuisibles à la société : tout ce qui n'est pas défendu » par la loi ne peut être empêché, et nul ne peut être contraint » à faire ce qu'elle n'ordonne pas. » — La constitution de 93 : « Art. 1er. Le but de la société est le bonheur commun. Le gou- » vernement est institué pour garantir à l'homme la jouissance » de ses droits sacrés et imprescriptibles. — 3. Tous les hommes » sont égaux par la nature et devant la loi. — 7. Le droit de » manifester sa pensée et ses opinions, soit par la voie de la » presse, soit de tout autre manière, le droit de s'assembler » paisiblement, le libre exercice des cultes, ne peuvent être » interdits. » — Celle de 1795 proclame à peu près les mêmes principes.

Leur liberté individuelle est également garantie. — La constitution de l'an VIII porte, art. 76 : « La maison de toute per- » sonne habitant le territoire français est un asile inviolable. » Pendant la nuit, nul n'a droit d'y entrer que dans le cas d'in- » cendie, d'inondation ou de réclamation venant de l'intérieur » de la maison. Pendant le jour, on peut y entrer pour un objet » spécial déterminé ou par une loi, ou par un ordre émané de » l'autorité publique. »

Chacun obtient pour son culte la même protection. — La loi du 20 avril 1825, sur le sacrilége, accorde à la religion catholique une protection spéciale. La loi du 8 avril 1802 porte, art. 45, qu'aucune cérémonie religieuse n'aura lieu hors des édifices consacrés au culte catholique, dans les villes où il y a des temples destinés à différens cultes.

La religion catholique est la religion de l'État. — Déclaration du clergé de France, du 19 mars 1682 : « Plusieurs personnes s'efforcent de ruiner les décrets de l'Église gallicane » et les libertés que nos ancêtres ont soutenues avec tant de » zèle, et de renverser leurs fondemens, qui sont appuyés sur » les saints canons et sur la tradition des Pères... Voulant donc » remédier à ces inconvéniens, nous, archevêques et évêques » assemblés à Paris par ordre du roi, avec les autres ecclésiastiques députés, qui représentons l'Église gallicane, avons jugé » convenable, après une mûre délibération, de faire les réglemens et la déclaration qui suivent : 1° Que saint Pierre et » ses successeurs, vicaires de Jésus-Christ, et que toute l'Église » même, n'ont reçu de puissance que sur les choses spirituelles » et qui concernent le salut, et non sur les choses temporelles » et civiles. Jésus-Christ nous apprend lui-même que son » royaume n'est pas de ce monde, et en un autre endroit qu'il » faut rendre à César ce qui est à César, et à Dieu ce qui est à » Dieu, et qu'ainsi ce précepte de l'apôtre saint Paul ne peut » être en rien altéré ou ébranlé, que toute puissance soit soumise aux puissances supérieures, car il n'y a point de puissance qui ne vienne de Dieu, et c'est lui qui ordonne toutes » celles qui sont sur la terre. Celui donc qui résiste aux puissances s'oppose à l'ordre de Dieu. Nous déclarons en conséquence que les souverains ne sont soumis à aucune puissance » dans les choses temporelles; qu'ils ne peuvent être déposés, » directement ou indirectement, par l'autorité des chefs de » l'Église; que les sujets ne peuvent être dispensés de la soumission et de l'obéissance qu'ils leur doivent, et absous du » serment de fidélité; et que cette doctrine, nécessaire à la » tranquillité publique et non moins avantageuse à l'Église » qu'à l'État, doit être inviolablement suivie, comme conforme » à la parole de Dieu, à la tradition des Pères et aux exemples

» des saints. — 2° Que les décrets du saint concile œcuménique » de Constance restent dans leur force et vertu. — 3° Que les » règles, mœurs et constitutions reçus dans le royaume et dans » toute l'Église gallicane doivent avoir leur force et vertu, et » les usages de nos pères demeurer inébranlables. — 4° Que, » quoique le pape ait la principale part dans les questions de » foi, et que ses décrets concernent toutes les Églises et chaque » Église en particulier, son jugement n'est pourtant pas irré- » formable, à moins que le consentement de l'Église n'inter- » vienne. — Nous avons arrêté d'envoyer à toutes les Églises » de France, et aux évêques qui y président par l'autorité du » Saint-Esprit, ces maximes que nous avons reçues de nos » pères, afin que nous disions tous la même chose, que nous » soyons tous dans les mêmes sentimens et que nous suivions » tous la même doctrine. »

Les Français ont le droit de publier et de faire imprimer leurs opinions. — Une loi proposée par le ministère actuel abolit à toujours la censure facultative et le délit de tendance. Le premier acte de Charles X, à son avénement, avait été de révoquer l'ordonnance qui mettait la censure en vigueur : ce second bienfait, plus durable, lui sera un nouveau titre à la reconnaissance des Français. Honneur au prince assez éclairé pour sentir qu'une pareille loi n'était pas faite pour son règne, et pour faire tomber toute barrière entre lui et la vérité.

Toutes les propriétés sont inviolables, sans aucune exception de celles qu'on appelle nationales. — Une loi célèbre est venue, comme on sait, réparer intégralement les pertes des anciens propriétaires des domaines vendus nationalement, et doit bannir ainsi de leurs familles jusqu'au souvenir de leur infortune.

Si elle est rejetée. — Lorsque la proposition n'agrée pas à Sa Majesté, elle fait réponse comme en Angleterre : *Le roi veut en délibérer.*

Chaque département aura le même nombre de Députés qu'il a eu jusqu'à présent. — La loi du 29 avril 1820 est venue changer cet ordre de choses : la Chambre se compose aujourd'hui de quatre cent trente membres.

Les Députés seront élus pour cinq ans. — La loi de septennalité abroge entièrement cet article.

Des lois particulières. — A quel ministre est réservé l'honneur de présenter une loi sur les garanties ministérielles? c'est ce que nous ignorons encore. L'acte d'accusation aujourd'hui soumis à la Chambre doit peut-être en faire sentir la nécessité et en hâter l'accomplissement.

Les juges, nommés par le Roi, sont inamovibles. — Cet article a fait mettre en doute, dans ces derniers temps, l'existence légale des juges-auditeurs.

Le Code civil et les lois existantes qui ne sont pas contraires à la Charte. — C'est une question de savoir si l'art. 75 de la constitution de l'an VIII, qui établit que les agens du gouvernement, autres que les ministres, ne peuvent être poursuivis pour faits relatifs à leurs fonctions, est encore en vigueur, quoique cette disposition ait été jusqu'ici respectée. M. Toullier se prononce pour la négative.

Le Roi et ses successeurs jureront d'observer fidèlement la présente Charte. — Sermens de Reims, prêtés par le Roi et la famille royale, le 29 avril 1824. Serment du sacre, ainsi conçu : « En présence de Dieu, je promets à mon peuple de maintenir » et d'honorer notre sainte religion, comme il appartient au roi » très-chrétien et au fils aîné de l'Église; de faire bonne justice » à tous mes sujets; enfin, de gouverner conformément aux lois » du royaume et à la Charte constitutionnelle, que je jure d'observer fidèlement. Qu'ainsi Dieu me soit en aide et ses saints » Évangiles ! »

LOI

CONCERNANT LES CONDITIONS D'ÉLIGIBILITÉ POUR ÊTRE ADMIS A LA CHAMBRE DES DÉPUTÉS.

A Paris, le 25 mars 1818.

LOUIS, par la grâce de Dieu, ROI DE FRANCE ET DE NAVARRE, à tous présens et à venir, SALUT.

Nous avons proposé, les Chambres ont adopté, NOUS AVONS ORDONNÉ et ORDONNONS ce qui suit :

Art. 1er. Nul ne pourra être membre de la Chambre des Députés, si, au jour de son élection, il n'est âgé de quarante ans accomplis et ne paie mille francs de contributions directes, sauf le cas prévu par l'article 39 de la Charte.

2. Le Député élu par plusieurs départemens sera tenu de déclarer son option à la Chambre, dans le mois de l'ouverture de la première session qui suivra la double élection; et, à défaut d'option dans ce délai, il sera décidé par la voie du sort à quel département ce Député appartiendra.

La présente loi, discutée, délibérée et adoptée par la Chambre des Pairs et par celle des Députés, et sanctionnée par nous cejourd'hui, sera exécutée comme loi de l'État; voulons, en conséquence, qu'elle soit gardée et observée dans tout notre royaume, terres et pays de notre obéissance.

Si donnons en mandement à nos Cours et tribunaux, préfets, corps administratifs, et tous autres, que les présentes ils gardent et maintiennent, fassent garder, observer et maintenir, et, pour les rendre plus notoires à tous nos sujets, ils les fassent publier et enregistrer partout où besoin sera : car tel est notre plaisir; et afin que ce soit chose ferme et stable à toujours, nous y avons fait mettre notre scel.

Donné à Paris, le vingt-cinquième jour du mois de mars de l'an de grâce 1818, et de notre règne le vingt-troisième.

Signé LOUIS.

Vu et scellé du grand sceau :

Le garde des sceaux de France, ministre secrétaire d'État au département de la justice.

Signé Pasquier.

Par le Roi :

Le ministre secrétaire d'État au départem. de l'intérieur.

Signé Lainé.

Certifié conforme par nous,

Garde des sceaux de France, ministre secrétaire d'État au département de la justice.

Pasquier.

LOI

SUR LES ÉLECTIONS.

A Paris, le 5 février 1817.

LOUIS, par la grâce de Dieu, ROI DE FRANCE ET DE NAVARRE, à tous présens et à venir, SALUT.

Nous avons proposé, les Chambres ont adopté, NOUS AVONS ORDONNÉ et ORDONNONS ce qui suit :

ART. 1er. Tout Français jouissant des droits civils et politiques, âgé de trente ans accomplis, et payant trois cents francs de contributions directes, est appelé à concourir à l'élection des Députés du département où il a son domicile politique.

2. Pour former la masse des contributions nécessaires à la qualité d'électeur ou d'éligible, on comptera à chaque Français les contributions directes qu'il paie dans tout le royaume;

Au mari, celles de sa femme, même non commune en biens; et au père, celle des biens de ses enfans mineurs, dont il aura la jouissance.

3. Le domicile politique de tout Français est dans le département où il a son domicile réel. Néanmoins il pourra le transférer dans tout autre département où il paiera des contributions directes, à la charge par lui d'en faire, six mois d'avance, une déclaration ex-

presse devant le préfet du département où il aura son domicile politique actuel, et devant le préfet du département où il voudra le transférer.

La translation du domicile réel ou politique ne donnera l'exercice du droit politique, relativement à l'élection des Députés, qu'à celui qui, dans les quatre ans antérieurs, ne l'aura point exercé dans un autre département.

Cette exception n'a pas lieu dans le cas de dissolution de la Chambre.

4. Nul ne peut exercer les droits d'électeur dans deux départemens.

5. Le préfet dressera, dans chaque département, la liste des électeurs, qui sera imprimée et affichée.

Il statuera provisoirement, en conseil de préfecture, sur les réclamations qui s'élèveraient contre la teneur de cette liste, sans préjudice du recours de droit, lequel ne pourra néanmoins suspendre les élections.

6. Les difficultés relatives à la jouissance des droits civils ou politiques du réclamant seront définitivement jugées par les Cours royales : celles qui concerneraient ses contributions ou son domicile politique le seront par le Conseil d'Etat.

7. Il n'y a dans chaque département qu'un seul collége électoral : il est composé de tous les électeurs du département dont il nomme directement les Députés à la Chambre.

8. Les colléges électoraux sont convoqués par le Roi : ils se réunissent au chef-lieu du département, ou dans telle autre ville du département que le Roi désigne.

Ils ne peuvent s'occuper d'autres objets que de l'élection des Députés; toute discussion, toute délibération, leur sont interdites.

9. Les électeurs se réunissent en une seule assemblée, dans les départemens où leur nombre n'excède pas six cents.

Dans ceux où il y en a plus de six cents, le collége électoral est divisé en sections, dont chacune ne peut être moindre de trois cents électeurs.

Chaque section concourt directement à la nomination de tous les Députés que le collége électoral doit élire.

10. Le bureau de chaque collége électoral se compose d'un président nommé par le Roi, de quatre scrutateurs et d'un secrétaire.

Les quatre scrutateurs et le secrétaire sont nommés par le collége, à un seul tour de scrutin de liste pour les scrutateurs, et individuel pour le secrétaire, à la pluralité des voix.

Dans les colléges électoraux qui se divisent en sections, le bureau ainsi formé est attaché à la première section du collége.

Le bureau de chacune des autres sections se compose d'un vice-président nommé par le Roi, de quatre scrutateurs et d'un secrétaire choisis de la manière ci-dessus prescrite.

A l'ouverture du collége et sections de collége, le président et les vice-présidens nomment le bureau provisoire, composé de quatre scrutateurs et d'un secrétaire.

11. Le président et les vice-présidens ont seuls la po-

lice du collége électoral ou des sections de collége qu'ils président.

Il y aura toujours présens dans chaque bureau, trois au moins des membres qui en font partie.

Le bureau juge provisoirement toutes les difficultés qui s'élèvent sur les opérations du collége ou de la section, sauf la décision définitive de la Chambre des Députés.

12. La session des colléges est de dix jours au plus. Chaque séance s'ouvre à huit heures du matin : il ne peut y en avoir qu'une par jour, qui est close après le dépouillement du scrutin.

13. Les électeurs votent par bulletins de liste, contenant, à chaque tour de scrutin, autant de noms qu'il y a de nominations à faire.

Le nom, la qualification, le domicile de chaque électeur qui déposera son bulletin, seront inscrits, par le secrétaire ou l'un des scrutateurs présens, sur une liste destinée à constater le nombre des votans.

Celui des membres du bureau qui aura inscrit le nom, la qualification, le domicile de l'électeur, inscrira en marge son propre nom.

Il n'y a que trois tours de scrutin.

Chaque scrutin est, après être resté ouvert au moins pendant six heures, clos à trois heures du soir et dépouillé séance tenante.

L'état de dépouillement du scrutin de chaque section est arrêté et signé par le bureau. Il est immédiatement porté par le vice-président au bureau du collége, qui fait, en présence des vice-présidens de toutes les sections, le recensement général des votes.

Le résultat de chaque tour de scrutin est sur-le-champ rendu public.

14. Nul n'est élu à l'un des deux premiers tours de scrutin, s'il ne réunit au moins le quart plus une des voix de la totalité des membres qui composent le collége, et la moitié plus un des suffrages exprimés.

15. Après les deux premiers tours de scrutin, s'il reste des nominations à faire, le bureau du collége dresse et arrête une liste des personnes qui, au second tour, ont obtenu le plus de suffrages.

Elle contient deux fois autant de noms qu'il y a encore de Députés à élire.

Les suffrages au troisième tour de scrutin ne peuvent être donnés qu'à ceux dont les noms sont portés sur cette liste.

Les nominations ont lieu à la pluralité des votes exprimés.

16. Dans tous les cas où il y aura concours par égalité de suffrages, l'âge décidera de la préférence.

17. Les préfets et les officiers généraux commandant les divisions militaires et les départemens ne peuvent être élus Députés dans les départemens où ils exercent leurs fonctions.

18. Lorsque, pendant la durée ou dans l'intervalle des sessions des Chambres, la députation d'un département devient incomplète, elle est complétée par le collége électoral du département auquel elle appartient.

19. Les Députés à la Chambre ne reçoivent ni traitement ni indemnités.

20. Les lois, décrets et réglemens sur le mode des élections antérieurs à la présente loi sont abrogés.

21. Toutes les formalités relatives à l'exécution de la présente loi seront réglées par des ordonnances du Roi.

La présente loi, discutée, délibérée et adoptée par la Chambre des Pairs et par celle des Députés, et sanctionnée par nous cejourd'hui, sera exécutée comme loi de l'Etat; voulons, en conséquence, qu'elle soit gardée et observée dans tout notre royaume, terres et pays de notre obéissance.

Si donnons en mandement à nos Cours et tribunaux, préfets, corps administratifs, et tous autres, que les présentes ils gardent et maintiennent, fassent garder, observer et maintenir, et, pour les rendre plus notoires à tous nos sujets, ils les fassent publier et enregistrer partout où besoin sera : car tel est notre plaisir; et afin que ce soit chose ferme et stable à toujours, nous y avons fait mettre notre scel.

Donné à Paris, le cinquième jour du mois de février de l'an de grâce 1817, et de notre règne le vingt-deuxième.

Signé LOUIS.

Vu et scellé du grand sceau :

Le garde des sceaux de France, ministre secrétaire d'État au département de la justice.

Signé Pasquier.

Par le Roi :

Le ministre secrétaire d'État au départem. de l'intérieur.

Signé Lainé.

Certifié conforme par nous,

Garde des sceaux de France, ministre secrétaire d'État au département de la justice.

Pasquier.

LOI

SUR LES ÉLECTIONS.

Au château des Tuileries, le 29 juin 1820.

LOUIS, par la grâce de Dieu, ROI DE FRANCE ET DE NAVARRE, à tous présens et à venir, SALUT.

Nous avons proposé, les Chambres ont adopté, NOUS AVONS ORDONNÉ et ORDONNONS ce qui suit :

ART. 1er. Il y a dans chaque département un collége électoral de département et des colléges électoraux d'arrondissement.

Néanmoins tous les électeurs se réuniront en un seul collége dans les départemens qui n'avaient, à l'époque du 5 février 1817, qu'un Député à nommer; dans ceux où le nombre des électeurs n'excède pas trois cents, et dans ceux qui, divisés en cinq arrondissemens de sous-préfecture, n'auront pas au-delà de quatre cents électeurs.

2. Les colléges de département sont composés des électeurs les plus imposés, en nombre égal au quart de la totalité des électeurs du département.

Les colléges de département nomment cent soixante-douze nouveaux Députés, conformément au tableau annexé à la présente loi. Ils procèderont à cette nomination pour la session de 1820.

La nomination des deux cent cinquante-huit Députés actuels est attribuée aux colléges d'arrondissemens électoraux à former dans chaque département en vertu de l'art. 1er, sauf les exceptions portées au paragraphe 2 du même article.

Ces colléges nomment chacun un Député. Ils sont composés de tous les électeurs ayant leur domicile politique dans l'une des communes comprises dans la circonscription de chaque arrondissement électoral. Cette circonscription sera provisoirement déterminée, pour chaque département, sur l'avis du conseil général, par des ordonnances du Roi, qui seront soumises à l'approbation législative dans la prochaine session.

Le cinquième des Députés actuels qui doit être renouvelé sera nommé par les colléges d'arrondissement.

Pour les sessions suivantes, les départemens qui auront à renouveler leur députation la nommeront en entier d'après les bases établies par le présent article.

3. La liste des électeurs de chaque collége sera imprimée et affichée un mois avant l'ouverture des colléges électoraux. Cette liste contiendra la quotité et l'espèce des contributions de chaque électeur, avec l'indication des départemens où elles sont payées.

4. Les contributions directes ne seront comptées, pour être électeur ou éligible, que lorsque la propriété foncière aura été possédée, la location faite, la patente prise et l'industrie sujette à patente exercée une année avant l'époque de la convocation du collége électoral.

Ceux qui ont des droits acquis avant la publication de la présente loi, et le possesseur à titre successif, sont seuls exceptés de cette condition.

5. Les contributions foncières payées par une veuve sont comptées à celui de ses fils, à défaut de fils à celui de ses petits-fils, et, à défaut de fils et de petit-fils, à celui de ses gendres qu'elle désigne.

6. Pour procéder à l'élection des Députés, chaque électeur écrit secrètement son vote sur le bureau, ou l'y fait écrire par un autre électeur de son choix, sur un bulletin qu'il reçoit à cet effet du président; il remet son bulletin, écrit et fermé, au président, qui le dépose dans l'urne destinée à cet usage (1).

7. Nul ne peut être élu Député aux deux premiers tours de scrutin, s'il ne réunit au moins le tiers plus une des voix de la totalité des membres qui composent le collége, et la moitié plus un des suffrages exprimés.

8. Les sous-préfets ne peuvent être élus Députés par les colléges d'arrondissemens électoraux qui comprennent la totalité ou une partie des électeurs de l'arrondissement de leur sous-préfecture.

9. Les Députés décédés ou démissionnaires seront remplacés chacun par le collége qui l'aura nommé.

En cas de décès ou démission d'aucun des membres actuels de la Chambre, avant que le département auquel il appartient soit en tour de renouveler sa dépu-

(1) Ces dispositions de la loi sont impératives, non facultatives : la loi, en s'exprimant au présent, ne suppose pas qu'il en puisse être autrement; d'où il faut conclure la nullité des opérations du collége où le vœu de la loi serait faussé.

tation, il sera remplacé par un des colléges d'arrondissement de ce département.

La Chambre déterminera par la voie du sort l'ordre dans lequel les colléges électoraux d'arrondissement procèderont aux remplacemens éventuels jusqu'au premier renouvellement intégral de chaque députation.

10. En cas de vacance par option, décès, démission ou autrement, les colléges électoraux seront convoqués dans le délai de deux mois pour procéder à une nouvelle élection.

11. Les dispositions des lois des 5 février 1817 et 25 mars 1818, auxquelles il n'est pas dérogé par la présente, continueront d'être exécutées, et seront communes aux colléges électoraux de département et d'arrondissement.

La présente loi, discutée, délibérée et adoptée par la Chambre des Pairs et par celle des Députés, et sanctionnée par nous cejourd'hui, sera exécutée comme loi de l'État; voulons, en conséquence, qu'elle soit gardée et observée dans tout notre royaume, terres et pays de notre obéissance.

Donné en notre château des Tuileries, le vingt-neuvième jour du mois de juin de l'an de grâce 1820, et de notre règne le vingt-sixième.

Signé LOUIS.

Vu et scellé du grand sceau :

Le garde des sceaux de France, ministre secrétaire d'État au département de la justice.

Signé H. de Serre.

Par le Roi :

Le ministre secrétaire d'État au départem. de l'intérieur.

Signé Siméon.

LOI

SUR LA SEPTENNALITÉ.

Paris, 9 juin 1824. Promulguée le même jour.

LOUIS, etc.;

Nous avons proposé, les Chambres ont adopté, NOUS AVONS ORDONNÉ et ORDONNONS ce qui suit :

La Chambre actuelle des Députés, et toutes celles qui la suivront, seront renouvelées intégralement. Elles auront une durée de sept années, à compter du jour où aura été rendue l'ordonnance de leur première convocation, à moins qu'elles ne soient dissoutes par le Roi.

LOI

DU 2 MAI 1827.

(EXTRAIT en ce qui touche les Colléges électoraux.)

ART. 2. Le 1er août de chaque année, le préfet de chaque département dressera une liste qui sera divisée en deux parties.

La première sera rédigée conformément à l'art. 3 de la loi du 29 juin 1821, et comprendra toutes les personnes qui rempliront les conditions requises pour faire partie des colléges électoraux du département.

La seconde de ces listes comprend les électeurs ayant leur domicile réel dans le département, mais exerçant ailleurs leurs droits électoraux, et les autres individus appelés à faire partie du jury.

(Les dispositions qui les concernent et celles relatives aux listes électorales qui se trouvent modifiées par la loi suivante, n'ont pas dû trouver place ici.)

LOI

SUR LA RÉVISION ANNUELLE DES LISTES ÉLECTORALES ET DU JURY.

Au château de Saint-Cloud, le 2 juillet 1828.

CHARLES, etc.;

TITRE Ier. *Révision annuelle des listes électorales et du jury.*

ART. 1er. Les listes faites en vertu de la loi du 2 mai 1827 sont permanentes, sauf les radiations et inscriptions qui peuvent avoir lieu lors de la révision prescrite par la présente loi.

Cette révision sera faite conformément aux dispositions suivantes.

2. Du 1er au 10 juin de chaque année, et aux jours qui seront indiqués par les sous-préfets, les maires des communes composant chaque canton se réuniront à la mairie du chef-lieu, sous la présidence du maire, et procèderont à la révision de la portion de la liste formée en vertu de la loi du 2 mai 1827, qui comprendra les citoyens de leur canton appelés à faire partie de cette liste.

Ils se feront assister des percepteurs de l'arrondissement cantonnal.

3. Dans les villes qui forment à elles seules un canton, ou qui sont partagées en plusieurs cantons, la révision des listes sera effectuée par le maire, les adjoints, et les trois plus anciens membres du conseil municipal, selon l'ordre du tableau. Les maires des communes qui dépendraient de l'un de ces cantons seront aussi appelés à la révision; ils se réuniront tous sous la présidence du maire de la ville.

A Paris, les maires des douze arrondissemens, assistés des percepteurs, procèderont à la révision, sous la présidence du doyen de réception.

4. Le résultat de cette opération sera transmis au sous-préfet, qui, avant le 1er juillet, l'adressera, accompagné de ses observations, au préfet du département.

5. A partir du 1er juillet, le préfet procèdera à la révision générale de la liste.

6. Il y ajoutera les citoyens qu'il reconnaîtra avoir acquis les qualités requises par la loi, et ceux qui auraient été précédemment omis.

Il en retranchera,

1° Les individus décédés;

2° Ceux qui auront perdu les qualités requises;

3° Ceux dont l'inscription aura été déclarée nulle par les autorités compétentes;

4° Enfin ceux qu'il reconnaîtrait avoir été indûment inscrits, quoique leur inscription n'eût pas été attaquée.

Il tiendra un registre de toutes ces décisions, et il fera mention de leurs motifs et des pièces à l'appui.

7. La liste ainsi rectifiée par le préfet sera affichée, le 15 août, au chef-lieu de chaque commune, et déposée au secrétariat des mairies, des sous-préfectures et de la préfecture, pour être donnée en communication à toutes les personnes qui le requerront.

Elle contiendra, en regard du nom de chaque individu inscrit sur la première partie de la liste, l'indication des arrondissemens de perception où il paie des contributions, propres ou déléguées, ainsi que la quotité et l'espèce des contributions pour chacun de ces arrondissemens.

8. La publication prescrite par l'article précédent tiendra lieu de notification des décisions intervenues aux individus dont l'inscription aura été ordonnée.

Toute décision ordonnant radiation sera notifiée dans les dix jours à celui qu'elle concerne, ou au domicile qu'il sera tenu d'élire pour l'exercice de ses droits politiques, s'il n'habite pas le département.

Cette notification et toutes celles qui doivent avoir lieu, aux termes de la présente loi, seront faites suivant le mode employé jusqu'à présent pour les jurés, en exécution de l'article 389 du Code d'instruction criminelle.

9. Après la publication de la liste rectifiée, il ne pourra plus y être fait de changement qu'en vertu de décisions rendues par le préfet en conseil de préfecture dans les formes ci-après.

TITRE II. *Des réclamations sur la révision des listes.*

10. A compter du 15 août, jour de la publication, il sera ouvert au secrétariat général de la préfecture un registre coté et paraphé par le préfet, sur lequel seront inscrites, à la date de leur présentation, et suivant un ordre de numéros, toutes les réclamations concernant la teneur des listes. Ces réclamations seront signées par le réclamant ou par son fondé de pouvoirs.

Le secrétaire général donnera récépissé de chaque réclamation et des pièces à l'appui. Ce récépissé énoncera la date et le numéro de l'enregistrement.

11. Tout individu qui croirait devoir se plaindre, soit d'avoir été indûment inscrit, omis ou rayé, soit de toute autre erreur commise à son égard dans la rédaction des listes, pourra, jusqu'au 30 septembre inclusivement, présenter sa réclamation, qui devra être accompagnée de pièces justificatives.

12. Dans le même délai, tout individu inscrit sur la liste d'un département pourra réclamer l'inscription de tout citoyen qui n'y serait pas porté, quoique réunissant toutes les conditions nécessaires, la radiation de tout individu qu'il prétendrait y être indûment inscrit, ou la rectification de toute autre erreur commise dans la rédaction des listes.

Il devra motiver sa demande et l'appuyer de pièces justificatives.

13. Aucune des demandes énoncées en l'article précédent ne sera reçue, lorsqu'elle sera formée par des tiers, qu'autant que le réclamant y joindra la preuve

qu'elle a été par lui notifiée à la partie intéressée, laquelle aura dix jours pour y répondre, à partir de celui de la notification.

14. Le préfet statuera en conseil de préfecture sur les demandes dont il est fait mention aux articles 11 et 12 ci-dessus, dans les cinq jours qui suivront leur réception, quand elles seront formées par les parties elles-mêmes ou par leurs fondés de pouvoirs; et dans les cinq jours qui suivront l'expiration du délai fixé par l'article 13, si elles sont formées par des tiers.

Ses décisions seront motivées.

La communication, sans déplacement, des pièces respectivement produites sur la question en contestation, devra être donnée à toute partie intéressée qui le requerra.

15. Il sera publié tous les quinze jours un tableau de rectification conformément aux décisions rendues dans cet intervalle, et présentant les indications mentionnées à l'article 7 ci-dessus.

Aux termes de l'article 8, la publication de ces tableaux de rectification tiendra lieu de notification aux individus dont l'inscription aura été ordonnée ou rectifiée.

Les décisions portant refus d'inscription ou prononçant des radiations seront notifiées dans les cinq jours de leur date aux individus dont l'inscription ou la radiation aura été réclamée, soit par eux-mêmes, soit par des tiers.

Les décisions rejetant les demandes en radiation ou rectification seront notifiées dans le même délai, tant aux réclamans qu'à l'individu dont l'inscription aura été contestée.

16. Le 16 octobre, le préfet procèdera à la clôture de la liste. Le dernier tableau de rectification, l'arrêté de clôture et la liste du collége départemental dans les départemens où il y a plusieurs colléges, seront affichés le 20 du même mois.

17. Il ne pourra plus être fait de changemens à la liste qu'en vertu d'arrêts rendus dans la forme déterminée au titre suivant.

TITRE III. *Réclamations contre les décisions du préfet en conseil de préfecture.*

18. Toute partie qui se croira fondée à contester une décision rendue par le préfet en conseil de préfecture pourra porter son action devant la Cour royale du ressort.

L'exploit introductif d'instance devra, sous peine de nullité, être notifié dans les dix jours, tant au préfet qu'aux parties intéressées.

Dans le cas où la décision du préfet en conseil de préfecture aurait rejeté une demande d'inscription formée par un tiers, l'action ne pourra être intentée que par l'individu dont l'inscription était réclamée.

La cause sera jugée sommairement, toutes affaires cessantes, et sans qu'il soit besoin du ministère d'avoué. Les actes judiciaires auxquels elle donnera lieu seront enregistrés gratis. L'affaire sera rapportée en audience publique par un des membres de la Cour, et l'arrêt sera prononcé après que le ministère public aura été entendu.

S'il y a pourvoi en cassation, il sera procédé comme devant la Cour royale, avec la même exemption de droits d'enregistrement, sans consignation d'amende.

19. Le recours et l'action intentés par suite d'une décision qui aura rayé un individu de la liste, ou qui lui aura attribué une quotité de contribution moindre que celle pour laquelle il était précédemment inscrit, auront un effet suspensif.

20. Le préfet, sur la notification de l'arrêt intervenu, fera sur la liste la rectification qui aura été prescrite.

TITRE IV. *Formation d'un tableau de rectification en cas d'élection après la clôture annuelle des listes.*

21. Lorsque la réunion d'un collége aura lieu dans le mois qui suivra la publication du dernier tableau de rectification prescrit par l'article 16, il ne sera fait à ce tableau aucune modification. Dans ce cas, l'intervalle entre la réception de l'ordonnance et la réunion du collége sera de vingt jours au moins.

22. Si la réunion a lieu à une époque plus éloignée, l'intervalle sera de trente jours au moins.

Dans ce dernier cas, le préfet fera afficher immédiatement l'ordonnance de convocation. Le registre prescrit par l'article 10 ci-dessus sera ouvert : les réclamations prévues par les articles 11 et 12 seront admises; mais elles devront être faites dans le délai de huit jours, sous peine de déchéance.

Le préfet, en conseil de préfecture, dressera le tableau de rectification prescrit par l'article 6 de la loi du 2 mai 1827. Il le fera publier et afficher le onzième jour au plus tard après la publication de l'ordonnance, et les notifications prescrites par l'article 15 seront faites aux parties intéressées dans le délai de cinq jours.

23. L'action exercée conformément à l'article 18 sera portée directement devant la Cour royale du ressort : elle n'aura d'effet suspensif que dans le cas de radiation.

L'assignation sera donnée à huitaine pour tout délai, et la Cour prononcera après l'expiration du délai. L'arrêt ne sera pas susceptible d'opposition.

24. Il ne pourra être fait de changement au tableau de rectification ci-dessus prescrit qu'en exécution d'arrêts rendus par les Cours royales.

TITRE V. *Dispositions générales.*

25. Nul individu appelé à des fonctions publiques temporaires ou révocables ne pourra être inscrit sur la première partie de la liste du département où il exerce ses fonctions, que six mois après la double déclaration prescrite par l'article 3 de la loi du 5 février 1817.

26. Les percepteurs de contributions directes sont tenus de délivrer sur papier libre, et moyennant une rétribution de vingt-cinq centimes par extrait de rôle concernant le même contribuable, à toute personne portée au rôle, l'extrait relatif à ses contributions; et

à tout individu qualifié comme il est dit à l'article 12 ci-dessus, tout certificat négatif ou tout extrait des rôles de contributions.

27. Il sera donné communication des listes annuelles et des tableaux de rectification à tous les imprimeurs qui voudront en prendre copie. Il leur sera permis de les faire imprimer sous tel format qu'il leur plaira de choisir, et de les mettre en vente.

28. Pour l'année 1828, les opérations ordonnées par la présente loi commenceront le premier jour du mois qui suivra la promulgation, et seront poursuivies en observant les délais qu'elle prescrit.

Donné au château de Saint-Cloud, le deuxième jour du mois de juillet de l'an de grâce 1828, et de notre règne le quatrième.

Signé CHARLES.

Vu et scellé du grand sceau :

Le garde des sceaux de France, ministre secrétaire d'État au département de la justice.
Signé comte PORTALIS.

Par le Roi :

Le ministre secrétaire d'État au départem. de l'intérieur.
Signé DE MARTIGNAC.

ORDONNANCES DU ROI

RELATIVES AUX ÉLECTIONS.

L'ordonnance du 4 septembre 1820, sur la publication des listes électorales, porte :

Art. 5. La liste de chaque collége, arrêtée ainsi qu'il vient d'être dit, sera transmise au président, et, pour les colléges divisés en plusieurs sections, au président de chaque section. Une expédition en sera affichée, dès l'ouverture, dans le lieu de chaque réunion.

6. La division des colléges en plusieurs sections, prescrite par l'article 9 de la loi du 5 février 1817, sera faite par le préfet en conseil de préfecture, en suivant l'ordre des numéros.

7. Des cartes individuelles seront, à la diligence des préfets et des maires, adressées, avant l'ouverture, au domicile de chaque électeur : elles porteront le jour et le lieu de la réunion.

L'ordonnance du 11 octobre 1820, sur la convocation des colléges électoraux est également utile à consulter dans ses dispositions qui précisent les attributions du président du collége, celles des membres du bureau, et déterminent le serment à prêter par les électeurs. Elle dispose :

Art. 3. La liste des électeurs et celle des éligibles doivent rester affichées dans la salle des séances pendant tout le cours de l'opération.

4. En cas d'empêchement, soit avant l'ouverture, soit pendant les opérations, d'un président ou vice-président, le préfet nommera un des électeurs pour le remplacer.

5. Nul ne pourra être admis dans le collége ou section de collége, s'il n'est inscrit sur la liste définitive remise au président ou vice-président.

6. Le jour fixé pour l'ouverture, la séance commencera à huit heures précises du matin. Elle sera ouverte par le président ou vice-président, lequel désignera, parmi les électeurs présens, les quatre scrutateurs et le secrétaire provisoires. Il sera ensuite procédé à la nomination du bureau définitif par deux scrutins simultanés, mais distincts : l'un de liste simple, pour les quatre scrutateurs ; l'autre individuel, pour le secrétaire. L'une et l'autre nomination pourra avoir lieu à la simple majorité des voix des électeurs présens (1).

7. Aussitôt que le président ou vice-président aura proclamé le bureau définitif, le secrétaire ouvrira le procès-verbal, lequel devra contenir les opérations qui auront eu lieu jusqu'à ce moment, être tenu en double minute, rédigé à la fin de chaque séance, et signé, au plus tard à l'ouverture de la séance sui-

(1) Articles 10 et 12 de la loi du 5 février 1817.

vante, par tous les membres du bureau qui y auront assisté.

8. La police du collége ou de la section appartenant au président ou au vice-président, nulle force armée ne peut, sans leur demande, être placée auprès du lieu des séances. Les commandans militaires sont tenus d'obtempérer à leurs réquisitions.

9. Doivent toujours être présens dans chaque bureau trois au moins des membres qui le composent(1).

Le bureau juge provisoirement toutes les difficultés qui s'élèvent sur les opérations du collége ou de la section, sauf la décision définitive de la Chambre des Députés (2). Il ne doit pas s'occuper des réclamations qui auraient pour objet le droit de voter. Il délibère à part : le président prononce la décision à haute voix.

10. S'il s'élève des discussions dans le sein d'un collége ou d'une section, le président ou vice-président rappellera aux électeurs qu'aux termes de l'article 8 de la loi du 5 février 1817, toute discussion, toute délibération, leur sont interdites : si, malgré cette observation, la discussion continue, et si le président n'a pas d'autre moyen de la faire cesser, il prononcera la levée de la séance, et l'ajournement au lendemain au plus tard. Les électeurs seront obligés de se séparer à l'instant.

11 Il sera, pour chaque tour de scrutin, procédé à l'appel des électeurs, lesquels, à mesure que leur nom sera appelé, se présenteront pour voter. Chacun d'eux,

(1) Article 11, paragraphe 2, de la loi du 5 février 1817.

(2) Article 11, paragraphe 3, de la loi du 5 février 1817.

en votant pour la première fois, devra prononcer le serment dont la teneur suit :

Je jure fidélité au Roi, obéissance à la Charte constitutionnelle et aux lois du royaume.

12. Les électeurs votent par bulletins de liste, contenant, à chaque tour de scrutin, autant de noms qu'il y a de nominations à faire (1).

Chaque électeur écrit secrètement son vote sur le bureau, ou l'y fait écrire par un autre électeur de son choix, sur un bulletin qu'il reçoit à cet effet du président ; il remet son bulletin, écrit et fermé au président, qui le dépose dans l'urne destinée à cet usage (2).

Le nom, la qualification et le domicile de chaque électeur qui déposera son bulletin, seront inscrits, par le secrétaire ou l'un des scrutateurs présens, sur une liste destinée à constater le nombre des votans.

Celui des membres du bureau qui aura inscrit le nom, la qualification, le domicile de l'électeur, inscrira en marge son propre nom.

Il n'y a que trois tours de scrutin.

Chaque scrutin est, après être resté ouvert au moins pendant six heures, clos à trois heures du soir, et dépouillé séance tenante (3).

13. Continueront d'être reçus, jusqu'à l'heure fixée pour la clôture, les bulletins des électeurs qui, n'ayant

(1) Loi du 5 février 1817, article 13, paragraphe 1er.

(2) Loi du 29 juin 1820, article 6.

(3) Loi du 5 février 1817, article 13.

pas répondu à l'appel, se présenteront ensuite pour voter.

14. A trois heures, le président ou vice-président déclarera que le scrutin est clos; il comptera le nombre des bulletins, et il en ordonnera le dépouillement. Le procès-verbal constatera le nombre des bulletins trouvés dans l'urne et celui des électeurs qui auront voté.

Si le nombre des bulletins est inférieur ou supérieur à celui des votans, le bureau décidera provisoirement, selon les cas et les circonstances, de la validité de l'opération. Il sera fait mention de la décision au procès-verbal.

15. Nul ne peut être élu député aux deux premiers tours de scrutin, s'il ne réunit au moins le tiers plus une de la totalité des voix des membres qui composent le collége, et la moitié plus un des suffrages exprimés (1).

16. Après les deux premiers tours de scrutin, s'il reste des nominations à faire, le bureau du collége dresse et arrête une liste des personnes qui, au deuxième tour, ont obtenu le plus de suffrages ; elle contient deux fois autant de noms qu'il y a encore de députés à élire.

Les suffrages, au troisième tour de scrutin, ne peuvent être donnés qu'à ceux dont les noms sont portés sur cette liste. Les nominations ont lieu à la pluralité des votes exprimés (2).

(1) Loi du 29 juin 1820, article 7.

(2) Loi du 5 février 1817, article 15.

17. Le bureau rayera de tout bulletin,

1° Les derniers noms inscrits au-delà de ceux qu'il doit contenir ;

2° Les noms qui ne désigneraient pas clairement l'individu auquel ils s'appliquent ;

3° Au troisième tour de scrutin, les noms des individus qui ne feraient point partie de la liste double des personnes qui ont obtenu le plus de suffrages au deuxième tour.

18. L'état du dépouillement du scrutin de chaque section est signé et arrêté par le bureau. Il est immédiatement porté par le vice-président au bureau du collége, qui fait, en présence des vices-présidens de toutes les sections, le recensement général des votes. Le résultat de chaque tour de scrutin est sur-le-champ rendu public (1).

19. Si une ou plusieurs sections n'avaient pas terminé leurs opérations ou n'en avaient fait que d'irrégulières, le recensement des votes des autres sections n'en aura pas moins lieu, et les candidats qui auraient obtenu le nombre de voix nécessaire, seront proclamés.

20. Le président prononcera la séparation du collége aussitôt que les opérations seront terminées, et au plus tard le deuxième jour après l'ouverture (2).

21. Immédiatement après la clôture, le président adressera au préfet du département les deux minutes du procès-verbal de chaque collége ou section de col-

(1) Loi du 5 février 1817, article 13.

(2) Loi du 5 février 1817, article 12.

lége, et le procès-verbal des recensemens généraux pour les colléges qui seront divisés en sections.

L'une des deux minutes restera déposée aux archives de la préfecture, et l'autre sera envoyée par le préfet à notre ministre secrétaire d'état de l'intérieur, qui la transmettra aux questeurs de la Chambre des Députés.

LOI

RELATIVE A LA CIRCONSCRIPTION DES ARRONDISSEMENS ÉLECTORAUX.

A Paris, le 16 mai 1821.

LOUIS, par la grâce de Dieu, ROI DE FRANCE ET DE NAVARRE, à tous ceux qui ces présentes verront, SALUT.

Nous avons proposé, les Chambres ont adopté; NOUS AVONS ORDONNÉ ET ORDONNONS ce qui suit :

Ain.

ART. 1er. Le département de l'Ain est divisé en trois arrondissemens électoraux, composés,

Le premier, de l'arrondissement de Bourg, moins les cantons de Bagé-le-Châtel et Pont-de-Veyle;

Le deuxième, de l'arrondissement de Trévoux, et des cantons de Bagé-le-Châtel et Pont-de-Veyle (arrondissement de Bourg);

Le troisième, des arrondissemens de Belley, Nantua et Gex.

Aisne.

2. Le département de l'Aisne est divisé en quatre arrondissemens électoraux, composés,

Le premier, de l'arrondissement de Laon, moins les cantons de Chauny, Coury, Rosoy-sur-Serre, et la portion du canton de la Fère située sur la droite des rivières de Serre et d'Oise.

Le deuxième, de l'arrondissement de Saint-Quentin, des communes d'Achery, Anguilcourt, et le Sart, Beautor, Fargniers, la Fère, Liez, Mayot, Menessis, Quessis, Tergnier, Travecy et Vouel (canton de la Fère, arrondissement de Laon), et du canton de Chauny (même arrondissement);

Le troisième, de l'arrondissement de Vervins, et du canton de Rosoy-sur-Serre, (arrondissement de Laon);

Le quatrième, des arrondissemens de Soissons et Château-Thierry, et du canton de Coucy-le-Château (arrondissement de Laon.)

Allier.

3. Le département de l'Allier est divisé en deux arrondissemens électoraux, composés,

Le premier, des arrondissemens de Moulins et la Palisse;

Le deuxième, des arrondissemens de Gannat et Montluçon.

Ardèche.

4. Le département de l'Ardèche est divisé en deux arrondissemens électoraux, composés,

Le premier, de l'arrondissement de l'Argentière, et de celui de Privas, moins les cantons de la Voulte et de Saint-Pierreville ;

Le deuxième, de l'arrondissement de Tournon, et des cantons de la Voulte et de Saint-Pierreville, distraits de Privas.

Ardennes.

5. Le département des Ardennes est divisé en deux arrondissemens électoraux, composés,

Le premier, des arrondissemens de Mézières, Rocroy et Sedan.

Le deuxième, des arrondissemens de Rethel et Vouziers.

Ariége.

6. Le département de l'Ariége est divisé en deux arrondissemens électoraux, composés,

Le premier, des arrondissemens de Foix et Saint-Girons, et du canton de Varilhes (arrondissement de Pamiers);

Le deuxième, de l'arrondissement de Pamiers, moins le canton de Varilhes.

Aube.

7. Le département de l'Aube est divisé en deux arrondissemens électoraux, composés,

Le premier, des arrondissemens de Troyes et Nogent ;

Le deuxième, des arrondissemens d'Arcis-sur-Aube, de Bar-sur-Aube et de Bar-sur-Seine.

Aude.

8. Le département de l'Aude est divisé en deux arrondissemens électoraux, composés,

Le premier, des arrondissemens de Castelnaudary et Limoux, et des cantons d'Alzonne, Conques, Mas-Cabardès, Montréal et Saissac (arrondissement de Carcassonne);

Le deuxième, de l'arrondissement de Carcassonne, moins les cantons d'Alzonne, Conques, Mas-Cabardès, Montréal, et Saissac, et de l'arrondissement de Narbonne.

Aveyron.

9. Le département de l'Aveyron est divisé en trois arrondissemens électoraux, composés,

Le premier, des cantons de Rodez, Bozouls, Cassagne, Marcillac et Pont de Salars, (arrondissement de Rodez), de l'arrondissement d'Espalion, et des cantons de Champagnac et Laissac (arrondissement de Milhau);

Le deuxième, de l'arrondissement de Villefranche, et des cantons de Conques, Naucelle, Requista, Rignac, la Salvetat et Sauveterre (arrondissement de Rodez);

Le troisième, de l'arrondissement de Milhau, moins les cantons de Campagnac et Laissac; et de l'arrondissement de Saint-Afrique.

Bouches-du-Rhône.

10. Le département des Bouches-du-Rhône est divisé en trois arrondissemens électoraux, composés,

Le premier, de l'arrondissement de Marseille;

Le deuxième, de l'arrondissement d'Aix;

Le troisième, de l'arrondissement d'Arles.

Calvados.

11. Le département du Calvados est divisé en quatre arrondissemens électoraux, composés,

Le premier, de l'arrondissement de Caen, et du canton de Dives (arrondissement de Pont-l'Évêque);

Le deuxième, de l'arrondissement de Bayeux, et de l'arrondissement de Vire, moins les cantons de Vassy et de Condé;

Le troisième, de l'arrondissement de Falaise, des cantons de Vassy et Condé (arrondissement de Vire), et des cantons de Mézidon et Saint-Pierre-sur-Dives (arrondissement de Lisieux);

Le quatrième, de l'arrondissement de Lisieux, moins les cantons de Mézidon et Saint-Pierre-sur-Dives, et de l'arrondissement de Pont-l'Évêque, moins le canton de Dives.

Cantal.

12. Le département du Cantal est divisé en deux arrondissemens électoraux, composés,

Le premier, des arrondissemens d'Aurillac et Mauriac;

Le deuxième, des arrondissemens de Murat et Saint-Flour.

Charente.

13. Le département de la Charente est divisé en trois arrondissemens électoraux, composés,

Le premier, de l'arrondissement d'Angoulême, moins le canton de Rouillac; des cantons d'Aubeterre, Chalais, Montmoreau (arrondissement de Barbezieux), et du canton de Mansle (arrondissement de Ruffec);

Le deuxième, de l'arrondissement de Confolens, et des cantons de Ruffec et Ville-Fagnan (arrondissement de Ruffec);

Le troisième, de l'arrondissement de Cognac, du canton de Rouillac (arrondissement d'Angoulême), des cantons de Baignes, Barbezieux, Brossac (arrondissement de Barbezieux) et du canton d'Aigre (arrondissement de Ruffec).

Charente-Inférieure.

14. Le département de la Charente-Inférieure est divisé en quatre arrondissemens électoraux, composés,

Le premier, de l'arrondissement de La Rochelle, des deux cantons de l'île d'Oleron (arrondissement de Marennes), et du canton d'Aigrefeuille (arrondissement de Rochefort);

Le deuxième, de l'arrondissement de Marennes, moins les deux cantons de l'île d'Oleron; des cantons de Loulay et Tonnay-Boutonne (arrondissement de Saint-Jean-d'Angely), du canton du Saujon (arrondissement de Saintes), et de l'arrondissement de Rochefort, moins le canton d'Aigrefeuille;

Le troisième, de l'arrondissement de Saintes, moins les cantons de Saujon, de Cozes et de Pons; et de l'arrondissement de Saint-Jean-d'Angely, moins les cantons de Loulay et de Tonnay-Boutonne;

Le quatrième, de l'arrondissement de Jonzac, et des cantons de Cozes et de Pons (arrondissement de Saintes).

Cher.

15. Le département du Cher est divisé en deux arrondissemens électoraux, composés,

Le premier, de l'arrondissement de Bourges, moins les cantons de Baugy, Charost et Levet; et de l'arrondissement de Sancerre, moins le canton de Sancergues;

Le deuxième, de l'arrondissement de Saint-Amand, des cantons de Baugy, Charost et Levet (arrondissement de Bourges), et du canton de Sancergue (arrondissement de Sancerre).

Corrèze.

16. Le département de la Corrèze est divisé en deux arrondissemens électoraux, composés,

Le premier, de l'arrondissement de Brives, et des cantons d'Argental, Mercœur, Seillac, Uzerches, Tulle-nord, et de la portion de la ville de Tulle-sud (arrondissement de Tulle);

Le deuxième, de l'arrondissement d'Ussel, et des cantons de Treignac, Égletous, Corrèze, Lapleau, Laroche, Servières et Tulle-sud, moins la portion de la ville de Tulle-sud (arrondissement de Tulle).

Côte-d'Or.

17. Le département de la Côte-d'Or est divisé en trois arrondissemens électoraux, composés,

Le premier, de l'arrondissement de Dijon;

Le deuxième, de l'arrondissement de Baune;

Le troisième, des arrondissemens de Châtillon et Sémur.

Côtes-du-Nord.

18. Le département des Côtes-du-Nord est divisé en quatre arrondissemens électoraux, composés,

Le premier, de l'arrondissement de Saint-Brieuc;

Le deuxième, de l'arrondissement de Dinan;

Le troisième des arrondissemens de Guingamp et de Loudéac;

Le quatrième, de l'arrondissement de Lannion.

Creuse.

19. Le département de la Creuse est divisé en deux arrondissemens électoraux, composés,

Le premier, de l'arrondissement du Guéret, du canton de Bénévent (arrondissement de Bourganeuf), et de l'arrondissement de Boussac, moins le canton de Chambon;

Le deuxième, de l'arrondissement d'Aubusson; de l'arrondissement de Bourganeuf, moins le canton de Bénévent; et du canton de Chambon (arrondissement de Boussac).

Dordogne.

20. Le département de la Dordogne est divisé en quatre arrondissemens électoraux, composés,

Le premier, de l'arrondissement de Périgueux, et des cantons de Jumilhac, Lanouaille, Saint-Pardoux-la-rivière et Thiviers (arrondissement de Nontron);

Le deuxième, de l'arrondissement de Riberac, et des cantons de Bussière-Badil, Champagnac-de-Belair, Mareuil et Nontron (arrondissement de Nontron);

Le troisième, de l'arrondissement de Bergerac;

Le quatrième, de l'arrondissement de Sarlat.

Doubs.

21. Le département du Doubs est divisé en deux arrondissemens électoraux, composés,

Le premier, des arrondissemens de Baume, Montbéliard et Pontarlier;

Le deuxième, de l'arrondissement de Besançon.

Drôme.

22. Le département de la Drôme est divisé en deux arrondissemens électoraux, composés,

Le premier, de l'arrondissement de Valence, moins le canton de Loriol;

Le deuxième, des arrondissemens de Die, Montélimart et Nyons, et du canton de Loriol (arrondissement de Valence).

Eure.

23. Le département de l'Eure est divisé en quatre arrondissemens électoraux, composés,

Le premier, de l'arrondissement d'Évreux;

Le deuxième, de l'arrondissement de Pont-Audemer, et des cantons de Louviers, Neubourg et Tourville (arrondissement de Louviers);

Le troisième, de l'arrondissement de Bernay;

Le quatrième, de l'arrondissement des Andelys, et des cantons de Gaillon et Pont-de-l'Arche (arrondissement de Louviers).

Eure-et-Loir.

24. Le département d'Eure-et-Loir est divisé en deux arrondissemens électoraux, composés,

Le premier, de l'arrondissement de Chartres, moins les cantons de Courville et d'Illiers; et de l'arrondissement de Châteaudun, moins le canton de Brou;

Le deuxième, des arrondissemens de Dreux et Nogent-le-Rotrou, des cantons de Courville et d'Illiers (arrondissement de Chartres), et du canton de Brou (arrondissement de Châteaudun).

Finistère.

25. Le département du Finistère est divisé en quatre arrondissemens électoraux, composés,

Le premier, de l'arrondissement de Brest, moins les cantons de Daoulas et Ploudiry;

Le deuxième, de l'arrondissement de Morlaix;

Le troisième, de l'arrondissement de Châteaulin, des cantons de Daoulas et Ploudiry (arrondissement de Brest), et des cantons de Douarnenez et Pont-Croix (arrondissement de Quimper);

Le quatrième, de l'arrondissement de Quimper, moins les cantons de Douarnenez et Pont-Croix, et de l'arrondissement de Quimperlé.

Gard.

26. Le département du Gard est divisé en trois arrondissemens électoraux, composés,

Le premier, de l'arrondissement de Nîmes, moins les cantons d'Aramon, Saint-Mamert et Sommières;

Le deuxième, des arrondissemens d'Alais et du Vigan, et des cantons de Saint-Mamert et Sommières (arrondissement de Nîmes);

Le troisième, de l'arrondissement d'Uzès, et du canton d'Aramon (arrondissement de Nîmes).

Garonne (Haute-).

27. Le département de la Haute-Garonne est divisé en quatre arrondissemens électoraux, composés,

Le premier, des cantons de Toulouse (nord, ouest et sud), Cadours, Fronton et Verfeil (arrondissement de Toulouse);

Le deuxième, des cantons de Toulouse (centre), Castanet, Grenade, Leguevin, Montastruc et Villemur (arrondissement de Toulouse) ;

Le troisième, de l'arrondissement de Villefranche ;

Le quatrième, des arrondissemens de Muret et Saint-Gaudens.

Gers.

28. Le département du Gers est divisé en trois arrondissemens électoraux, composés,

Le premier, des arrondissemens d'Auch et Mirande ;

Le deuxième, de l'arrondissement de Condom ;

Le troisième, des arrondissemens de Lectoure et Lombez.

Gironde.

29. Le département de la Gironde est divisé en cinq arrondissemens électoraux, composés,

Le premier, de la ville de Bordeaux ;

Le deuxième, de l'arrondissement de Bordeaux, moins la ville de Bordeaux et le canton de Cubzac ;

Le troisième, des arrondissemens de Blaye et Lesparre, et du canton de Cubzac (arrondissement de Bordeaux) ;

Le quatrième, de l'arrondissement de Libourne ;

Le cinquième, des arrondissemens de Bazas et La Réole.

Hérault.

30. Le département de l'Hérault est divisé en trois arrondissemens électoraux, composés,

Le premier, de l'arrondissement de Montpellier ;

Le deuxième, de l'arrondissement de Béziers, moins les cantons de Bédarieux, Montagnac, Roujan et Saint-Gervais, et de l'arrondissement de Saint-Pons;

Le troisième, de l'arrondissement de Lodève, et des cantons de Bédarieux, Montagnac, Roujan et Saint-Gervais (arrondissement de Béziers).

Ille-et-Vilaine.

31. Le département d'Ille-et-Vilaine est divisé en quatre arrondissemens électoraux, composés,

Le premier, de l'arrondissement de Saint-Malo, des cantons d'Antrain (arrondissement de Fougères) et Bécherel (arrondissement de Montfort);

Le deuxième, de l'arrondissement de Rennes, moins le canton de Liffré, et du canton de Montauban (arrondissement de Montfort);

Le troisième, de l'arrondissement de Fougères, moins le canton d'Antrain; de l'arrondissement de Vitré, et du canton de Liffré (arrondissement de Rennes);

Le quatrième, de l'arrondissement de Monfort, moins les cantons de Bécherel et Montauban, et de l'arrondissement de Redon.

Indre.

32. Le département de l'Indre est divisé en deux arrondissemens électoraux, composés,

Le premier, de l'arrondissement de Châteauroux, moins les cantons d'Argenton et Buzançais, et de l'arrondissement d'Issoudun;

Le deuxième, des arrondissemens de La Châtre et du Blanc, et des cantons d'Argenton et Buzançais (ardissement de Châteauroux).

Indre-et-Loire.

33. Le département d'Indre-et-Loire est divisé en deux arrondissemens électoraux, composés,

Le premier, de l'arrondissement de Tours;

Le deuxième, des arrondissemens de Chinon et Loches.

Isère.

34. Le département de l'Isère est divisé en quatre arrondissemens électoraux, composés,

Le premier, de l'arrondissement de Grenoble, moins les cantons de Saint-Laurent-du-Pont et Voiron;

Le deuxième, de l'arrondissement de Saint-Marcelin, des cantons de Saint-Laurent-du-Pont et Voiron (arrondissement de Grenoble), et du canton du Grand-Lemps (arrondissement de La Tour-du-Pin);

Le troisième, de l'arrondissement de La Tour-du-Pin, moins le canton du Grand-Lemps, et des cantons de Mezieux et La Verpillière (arrondissement de Vienne);

Le quatrième, de l'arrondissement de Vienne, moins les cantons de Mezieux et La Verpillière.

Jura.

35. Le département du Jura est divisé en deux arrondissemens électoraux, composés,

Le premier, des arrondissemens de Lons-le-Saulnier et Saint-Claude ;

Le deuxième, des arrondissemens de Dôle et Poligny.

Landes.

36. Le département des Landes est divisé en deux arrondissemens électoraux, composés,

Le premier, de l'arrondissement de Mont-de-Marsan, et de celui de Saint-Sever, moins les cantons d'Amou et de Mugron ;

Le deuxième, de l'arrondissement de Dax, et des cantons d'Amou et Mugron (arrondissement de Saint-Sever).

Loir-et-Cher.

37. Le département de Loir-et-Cher est divisé en deux arrondissemens électoraux, composés,

Le premier, de l'arrondissement de Blois, moins les cantons de Marchenoir et Ouzouer-le-Marché, et de l'arrondissement de Romorantin ;

Le deuxième, de l'arrondissement de Vendôme, et des cantons de Marchenoir et Ouzouer-le-Marché (arrondissement de Blois).

Loire.

38. Le département de la Loire est divisé en trois arrondissemens électoraux, composés,

Le premier, de l'arrondissement de Montbrison ;

Le deuxième, de l'arrondissement de Roanne;
Le troisième, de l'arrondissement de Saint-Étienne.

Loire (Haute-).

39. Le département de la Haute-Loire est divisé en deux arrondissemens électoraux, composés,

Le premier, de l'arrondissement de Brioude, des deux cantons du Puy, de ceux de Cayres, Loudes, Alègre, Saint-Paulien et Saugues (arrondissement du Puy);

Le deuxième, de l'arrondissement d'Issengeaux, et des cantons de Pradelles, Craponne, Fay-le-Froid, Monastier, Saint-Julien-Chapteuil, Solignac et Vorey (arrondissement du Puy).

Loire-Inférieure.

40. Le département de la Loire-Inférieure est divisé en quatre arrondissemens électoraux, composés,

Le premier, de la ville et des cantons de Nantes;

Le deuxième, de l'arrondissement de Nantes, moins les six cantons du chef-lieu et ceux de Carquefou et de La Chapelle-sur-Erdre; et de l'arrondissement de Paimbœuf;

Le troisième, des arrondissemens d'Ancenis et Châteaubriant, et des cantons de Carquefou et de La Chapelle-sur-Erdre (arrondissement de Nantes);

Le quatrième, de l'arrondissement de Savenay.

Loiret.

41. Le département du Loiret est divisé en trois arrondissemens électoraux, composés,

Le premier, de l'arrondissement d'Orléans, moins les cantons d'Arthenay, Châteauneuf et Neuville;

Le deuxième, de l'arrondissement de Montargis, moins le canton de Bellegarde, et de l'arrondissement de Gien;

Le troisième, de l'arrondissement de Pithiviers, du canton de Bellegarde (arrondissement de Montargis), et des cantons d'Arthenay, Châteauneuf et Neuville (arrondissement d'Orléans).

Lot.

42. Le département du Lot est divisé en quatre arrondissemens électoraux, composés,

Le premier, des cantons de Cahors (nord et sud), Lauzès, Lalbenque, Limogne et Saint-Géry (arrondissement de Cahors);

Le deuxième, des cantons de Castelnau, Catus, Cazals, Luzech, Moncucq et Puy-l'Évêque (arrondissement de Cahors);

Le troisième, de l'arrondissement de Figeac;

Le quatrième, de l'arrondissement de Gourdon.

Lot-et-Garonne.

43. Le département de Lot-et-Garonne est divisé en trois arrondissemens électoraux, composés,

Le premier, de l'arrondissement d'Agen, moins les communes de Prayssas, Saint-Amand, Cours, Granges, Lacépède, Laugnac, Lexterne, Lusignan-Petit, Saint-Médard, Montpezat, Quissac, Rides, Saint-Sardos (canton de Prayssas); des cantons de Francescas, Mezin et Nérac (arrondissement de Nérac); et des communes de Barbaste, Bruch, Feuquarolles, Lavardac, Limon, Montesquieu, Saint-Laurent et Vianne (canton de Lavardac, même arrondissement);

Le deuxième, de l'arrondissement de Marmande, moins le canton de Castelmoron; des cantons de Castel-Jaloux, Damazan et Houeillès (arrondissement de Nérac), et des communes d'Estussan, Montgaillard, Pompiey, Thouars, Xaintrailles (canton de Lavardac, même arrondissement);

Le troisième, de l'arrondissement de Villeneuve, du canton de Castelmoron (arrondissement de Marmande), et des communes de Cours, Granges, Lacépède, Laugnac, Lexterne, Lusignan-Petit, Prayssas, Saint-Amand, Saint-Médard, Montpezat, Quissac, Rides, Saint-Sardos (canton de Prayssas, arrondissement d'Agen).

Maine-et-Loire.

44. Le département de Maine-et-Loire est divisé en quatre arrondissemens électoraux, composés,

Le premier, de l'arrondissement d'Angers, moins les cantons de Briollay et le Louroux-Beconnais, et des cantons de Baugé, Durtal et Seiches (arrondissement de Baugé);

Le deuxième, de l'arrondissement de Saumur, moins les communes de Beaulieu, Chanzeaux, Étiau, Faveraye, Faye, Gonnord, Rabelai, Saint-Lambert-du-Lattai et Thouarcé (canton de Thouarcé); et des cantons de Beaufort, Longué et Noyant (arrondissement de Baugé);

Le troisième, de l'arrondissement de Beaupréau, et des communes de Beaulieu, Chanzeaux, Étiau, Faveraye, Faye, Gonnord, Rabelai, Saint-Lambert-du-Lattai et Thouarcé (canton de Thouarcé, arrondissement de Saumur);

Le quatrième, de l'arrondissement de Segré, et des cantons de Briollay et du Louroux-Beconnais (arrondissement d'Angers).

Manche.

45. Le département de la Manche est divisé en quatre arrondissemens électoraux, composés,

Le premier, de l'arrondissement de Saint-Lô;

Le deuxième, des arrondissemens d'Avranches et Mortain;

Le troisième, de l'arrondissement de Coutances, et du canton de Sainte-Mère-Église (arrondissement de Valognes);

Le quatrième, de l'arrondissement de Valognes, moins le canton de Sainte-Mère-Église, et de l'arrondissement de Cherbourg.

Marne.

46. Le département de la Marne est divisé en trois arrondissemens électoraux, composés,

Le premier, des arrondissemens de Châlons et Épernay;

Le deuxième, des arrondissemens de Sainte-Menehould et Vitry;

Le troisième, de l'arrondissement de Reims.

Marne (Haute-).

47. Le département de la Haute-Marne est divisé en deux arrondissemens électoraux, composés,

Le premier, de l'arrondissement de Vassy, et des cantons d'Andelot, Chaumont, Juzennecourt, Saint-Blain et Vignory (arrondissement de Chaumont);

Le deuxième, de l'arrondissement de Langres, et des cantons d'Arc, Bourmont, Châteauvillain, Clermont et Nogent-le-Roi (arrondissement de Chaumont).

Mayenne.

48. Le département de la Mayenne est divisé en trois arrondissemens électoraux, composés,

Le premier, de l'arrondissement de Laval;

Le deuxième, de l'arrondissement de Château-Gontier;

Le troisième, de l'arrondissement de Mayenne.

Meurthe.

49. Le département de la Meurthe est divisé en trois arrondissemens électoraux, composés,

Le premier, de l'arrondissement de Nanci, moins les cantons de Nomeny, Haroué, Saint-Nicolas, Vézelise; et de l'arrondissement de Toul;

Le deuxième, de l'arrondissement de Lunéville, des cantons d'Haroué, Saint-Nicolas, Vézelise (arrondissement de Nanci), et du canton de Lorquin (arrondissement de Sarrebourg);

Le troisième, de l'arrondissement de Château-Salins, de l'arrondissement de Sarrebourg, moins le canton de Lorquin, et du canton de Nomeny (arrondissement de Nanci).

Meuse.

50. Le département de la Meuse est divisé en deux arrondissemens électoraux, composés,

Le premier, des arrondissemens de Bar-le-Duc et Commercy;

Le deuxième, des arrondissemens de Montmédy et Verdun.

Morbihan.

51. Le département du Morbihan est divisé en quatre arrondissemens électoraux, composés,

Le premier, de l'arrondissement de Vannes, des cantons d'Auray et Pluvigner (arrondissement de Lorient), et du canton de Locminé (arrondissement de Pontivy);

Le deuxième, de l'arrondissement de Lorient, moins les cantons d'Auray et Pluvigner;

Le troisième, de l'arrondissement de Pontivy, moins le canton de Locminé;

Le quatrième, de l'arrondissement de Ploermel.

Moselle.

52. Le département de la Moselle est divisé en quatre arrondissemens électoraux, composés,

Le premier, de l'arrondissement de Briey;

Le deuxième, de l'arrondissement de Thionville;

Le troisième, de l'arrondissement de Metz, moins les cantons de Boulay, Faulquemont et Pange;

Le quatrième, de l'arrondissement de Sarreguemines, et des cantons de Boulay, Faulquemont et Pange (arrondissement de Metz).

Nièvre.

53. Le département de la Nièvre est divisé en deux arrondissemens électoraux, composés,

Le premier, de l'arrondissement de Nevers, moins le canton de Saint-Saulge; et de l'arrondissement de Château-Chinon, moins le canton de Montsauche;

Le deuxième, des arrondissemens de Clamecy et Cosne, et des cantons de Saint-Saulge (arrondissement de Nevers) et Montsauche (arrondissement de Château-Chinon).

Nord.

54. Le département du Nord est divisé en huit arrondissemens électoraux, composés,

Le premier, de l'arrondissement de Dunkerque;

Le deuxième, de l'arrondissement de Hazebrouck;

Le troisième, des cantons de Lille (centre), de Lille (ouest), et des cantons du Quesnoy-sur-Deule, Lannoy, Roubaix, Tourcoing (nord) et Tourcoing (sud);

Le quatrième, des cantons de Lille (nord-est), Lille (sud-est), Lille (sud-ouest), et des cantons d'Armentières, La Bassée, Cysoing, Haubourdin, Seclin et Pont-à-Marq;

Le cinquième, de l'arrondissement d'Avesnes;

Le sixième, de l'arrondissement de Cambrai;

Le septième, des trois cantons de Douai et des cantons d'Arleux, Marchiennes et Orchies (arrondissement de Douai);

Le huitième, des trois cantons de Valenciennes, des deux cantons de Saint-Amand et de ceux de Bouchain et Condé (arrondissement de Douai).

Oise.

55. Le département de l'Oise est divisé en trois arrondissemens électoraux, composés,

Le premier, de l'arrondissement de Beauvais;

Le deuxième, de l'arrondissement de Compiègne, et des cantons de Betz, Crespy, Nanteuil-le-Haudoin et Pont-Sainte-Maxence (arrondissement de Senlis);

Le troisième, de l'arrondissement de Clermont, et des cantons de Creil, Neuilly-en-Thel et Senlis (arrondissement de Senlis).

Orne.

56. Le département de l'Orne est divisé en quatre arrondissemens électoraux, composés,

Le premier, de l'arrondissement d'Alençon;

Le deuxième, de l'arrondissement d'Argentan;

Le troisième, de l'arrondissement de Domfront ;

Le quatrième, de l'arrondissement de Mortagne.

Pas-de-Calais.

57. Le département du Pas-de-Calais est divisé en quatre arrondissemens électoraux, composés,

Le premier, de l'arrondissement d'Arras, et des cantons de Carvin et Lens (arrondissement de Béthune) ;

Le deuxième, de l'arrondissement de Boulogne, des cantons d'Etaples et Hucqueliers (arrondissement de Montreuil), et des cantons d'Ardres et Audruick (arrondissement de Saint-Omer) ;

Le troisième, de l'arrondissement de Saint-Omer, moins les cantons d'Ardres et Audruick ; et de l'arrondissement de Béthune, moins les cantons de Carven et Lens ;

Le quatrième, de l'arrondissement de Saint-Pol, et de celui de Montreuil, moins les cantons d'Etaples et Hucqueliers.

Puy-de-Dôme.

58. Le département du Puy-de-Dôme est divisé en quatre arrondissemens électoraux, composés,

Le premier, de l'arrondissement de Clermont ;

Le deuxième, de l'arrondissement de Riom ;

Le troisième, de l'arrondissement d'Issoire ;

Le quatrième, des arrondissemens d'Ambert et Thiers.

Pyrénées (Basses-).

59. Le département des Basses-Pyrénées est divisé en trois arrondissemens électoraux, composés,

Le premier, des arrondissemens de Pau et Oleron ;

Le deuxième, des arrondissemens de Mauléon et Orthez ;

Le troisième, de l'arrondissement de Bayonne.

Rhin (Bas-).

60. Le département du Bas-Rhin est divisé en quatre arrondissemens électoraux, composés,

Le premier, de l'arrondissement de Saverne, et des cantons de Truchtershein et Wasselonne (arrondissement de Strasbourg) ;

Le deuxième, de l'arrondissement de Schelestadt, et des cantons de Geispolsheim et Molsheim (arrondissement de Strasbourg) ;

Le troisième, de l'arrondissement de Wissembourg, et des cantons de Bischwiller, Brumath, Haguenau et Oberhausbergen (arrondissement de Strasbourg) ;

Le quatrième, de la ville et des cantons de Strasbourg.

Rhin (Haut-).

61. Le département du Haut-Rhin est divisé en trois arrondissemens électoraux, composés,

Le premier, de l'arrondissement d'Altkirch ;

Le deuxième, de l'arrondissement de Colmar ;

Le troisième, de l'arrondissement de Belfort.

Rhône.

62. Le département du Rhône est divisé en trois arrondissemens électoraux, composés,

Le premier, des cantons de Lyon (nord), Lyon (ouest), Vaise, la Croix-Rousse, l'Arbresle, Limonest, Neuville et Vaugneray (arrondissement de Lyon);

Le deuxième, des cantons de Lyon (midi), la Guillotière, Saint-Laurent, Saint-Symphorien, Saint-Genis-Laval, Givors, Mornant et Sainte-Colombe (arrondissement de Lyon);

Le troisième, de l'arrondissement de Villefranche.

Saône (Haute-).

63. Le département de la Haute-Saône est divisé en deux arrondissemens électoraux, composés,

Le premier, de l'arrondissement de Gray, et des cantons de Combeau-Fontaine, Mont-Bozon, Rioz, Scey-sur-Saône et Vitrey (arrondissement de Vesoul);

Le deuxième, de l'arrondissement de Lure, et des cantons d'Amance, Jussey, Noroy, Port-sur-Saône et Vesoul (arrondissement de Vesoul).

Saône-et-Loire.

64. Le département de Saône-et-Loire est divisé en quatre arrondissemens électoraux, composés,

Le premier, de l'arrondissement de Mâcon, et des cantons de Cuiseau, Cuisery, Louhans et Montpont (arrondissement de Louhans);

Le deuxième, de l'arrondissement de Chalons-sur-

Saône, et des cantons de Beaurepaire, Montret, Pierre et Saint-Germain-du-Bois (arrondissement de Louhans);

Le troisième, de l'arrondissement d'Autun;

Le quatrième, de l'arrondissement de Charolles.

Sarthe.

65. Le département de la Sarthe est divisé en quatre arrondissemens électoraux, composés,

Le premier de l'arrondissement du Mans, moins les cantons de la Suze, Loué et Monfort;

Le deuxième, de l'arrondissement de Mamers, moins les cantons de Montmirail et Tuffé;

Le troisième, de l'arrondissement de la Flèche, et des cantons de la Suze et Loué (arrondissement du Mans);

Le quatrième, de l'arrondissement de Saint-Calais, et des cantons de Montfort (arrondissement du Mans), Montmirail et Tuffé (arrondissement de Mamers).

Seine.

66. Le département de la Seine est divisé en huit arrondissemens électoraux, composés,

Le premier, du premier arrondissement municipal de Paris, et du quatrième;

Le deuxième, du deuxième arrondissement municipal de Paris;

Le troisième, du troisième arrondissement municipal de Paris, et du cinquième;

Le quatrième, du sixième arrondissement municipal de Paris, et du huitième;

Le cinquième, du septième arrondissement municipal de Paris, et du neuvième;

Le sixième, du dixième arrondissement municipal de Paris;

Le septième, du onzième arrondissement municipal de Paris, et du douzième ;

Le huitième, des arrondissemens de sous-préfecture de Sceaux et de Saint-Denis.

Seine-Inférieure.

67. Le département de la Seine-Inférieure est divisé en six arrondissemens électoraux, composés,

Le premier, de la ville de Rouen et de ses faubourgs;

Le deuxième, de l'arrondissement de Rouen, moins la ville de Rouen et ses faubourgs ;

Le troisième, de l'arrondissement du Havre;

Le quatrième, de l'arrondissement d'Yvetot;

Le cinquième, de l'arrondissement de Dieppe;

Le sixième, de l'arrondissement de Neufchâtel.

Seine-et-Marne.

68. Le département de Seine-et-Marne est divisé en trois arrondissemens électoraux, composés,

Le premier, de l'arrondissement de Meaux;

Le deuxième, des arrondissemens de Coulommiers et Provins;

Le troisième, des arrondissemens de Melun et Fontainebleau.

Seine-et-Oise.

69. Le département de Seine-et-Oise est divisé en quatre arrondissemens électoraux, composés,

Le premier, de l'arrondissement de Pontoise;

Le deuxième, des arrondissemens de Corbeil et Etampes;

Le troisième, des arrondissemens de Mantes et Rambouillet;

Le quatrième, de l'arrondissement de Versailles.

Sèvres (Deux-).

70. Le département des Deux-Sèvres est divisé en deux arrondissemens électoraux, composés,

Le premier, des arrondissemens de Bressuire et Parthenay, du canton de Champdeniers et des deux cantons de Saint-Maixent (arrondissement de Niort);

Le deuxième, de l'arrondissement de Niort, moins le canton de Champdeniers et les deux cantons de Saint-Maixent; et de l'arrondissement de Melle.

Somme.

71. Le département de la Somme est divisé en quatre arrondissemens électoraux, composés,

Le premier, de l'arrondissement d'Abbeville, et des contons de Bernaville et Domart (arrondissement de Doullens);

Le deuxième, de la ville et des cantons d'Amiens;

Le troisième, de l'arrondissement d'Amiens, moins

les cantons du chef-lieu; et des cantons d'Acheux et Doullens (arrondissement de Doullens), d'Albert et Bray (arrondissement de Péronne);

Le quatrième, de l'arrondissement de Montdidier, et de l'arrondissement de Péronne, moins les cantons d'Albert et Bray.

Tarn.

72. Le département du Tarn est divisé en deux arrondissemens électoraux, composés,

Le premier, des arrondissemens d'Alby et Gaillac, du canton de Montredon (arrondissement de Castres), et du canton de Graulhet (arrondissement de Lavaur);

Le deuxième, de l'arrondissement de Castres, moins le canton de Montredon; et de l'arrondissement de Lavaur, moins le canton de Graulhet.

Tarn-et-Garonne.

73. Le département de Tarn-et-Garonne est divisé en deux arrondissemens électoraux, composés,

Le premier, de l'arrondissement de Montauban, et des cantons de Grisolles et Montech (arrondissement de Castel-Sarrasin);

Le deuxième, de l'arrondissement de Moissac, et de l'arrondissement de Castel-Sarrasin, moins les cantons de Grisolles et Montech.

Var.

74. Le département du Var est divisé en trois arrondissemens électoraux, composés,

Le premier, de l'arrondissement de Brignolles, et de celui de Draguignan, moins les cantons de Callas, Comps, Fayence, et la ville de Draguignan;

Le deuxième, de l'arrondissement de Grasse, des cantons de Callas, Comps et Fayence, et de la ville de Draguignan (arrondissement de Draguignan);

Le troisième, de l'arrondissement de Toulon.

Vaucluse.

75. Le département de Vaucluse est divisé en deux arrondissemens électoraux, composés,

Le premier, des arrondissemens d'Avignon et Apt;

Le deuxième, des arrondissemens de Carpentras et Orange.

Vendée.

76. Le département de la Vendée est divisé en trois arrondissemens électoraux, composés,

Le premier, de l'arrondissement de Bourbon-Vendée, des cantons de Mareuil, Chantonnay et Pouzauges (arrondissement de Fontenay), des communes de Bournezeau, Saint-Vincent-du-Fort-du-Lay, Puy-Maufrais (canton de Sainte-Hermine, arrondissement de Fontenay), des communes de Chaillé, Château-Guibert, Nesmy, Saint-Florent et le Tablier (canton de Moutier-les-Maux-faits, arrondissement des Sables), et de la commune d'Aubigny (canton de la Motte-Achard, même arrondissement);

Le deuxième, de l'arrondissement de Fontenay, moins les cantons de Mareuil, Chantonnay et Pouzauges, et les communes de Bournezeau, Saint-Vincent-du-Fort-du-Lay et Puy-Maufrais (canton de Sainte-Hermine);

Le troisième, de l'arrondissement des Sables, moins les communes de Chaillé, château-Guibert, Nesmy, Saint-Florent, le Tablier (canton de Moutier-les-Maux-faits); et la commune d'Aubigny (canton de la Motte-Achard).

Vienne.

77. Le département de la Vienne est divisé en deux arrondissemens électoraux, composés,

Le premier, de l'arrondissement de Poitiers, moins les cantons de Mirebeau et Saint-George, et de l'arrondissement de Civray;

Le deuxième, des arrondissemens de Châtellerault, Loudun et Montmorillon, et des cantons de Mirebeau et Saint-George (arrondissement de Poitiers).

Vienne (Haute-).

78. Le département de la Haute-Vienne est divisé en deux arrondissemens électoraux, composés,

Le premier, de l'arrondissement de Bellac, moins le canton de Laurière; de l'arrondissement de Rochechouart, et du canton de Chalus (arrondissement de Saint-Yrieix);

Le deuxième, de l'arrondissement de Limoges, de l'arrondissement de Saint-Yrieix, moins le canton de Chalus, et du canton de Laurière (arrondissement de Bellac).

Yonne.

79. Le département de l'Yonne est divisé en trois arrondissemens électoraux, composés,

Le premier, des arrondissemens de Joigny et Sens;

Le deuxième, de l'arrondissement d'Auxerre;

Le troisième, des arrondissemens d'Avallon et Tonnerre.

TABLEAU du nombre de Députés à élire par département, dressé conformément à l'article 2, deuxième alinéa, de la loi du 29 juin 1820.

DÉPARTEMENS.	NOMBRE ancien.	nouveau.	total.	DÉPARTEMENS.	NOMBRE ancien.	nouveau.	total.
Ain	3	2	5	Lot	4	2	6
Aisne	4	2	6	Lot-et-Garonne	3	2	5
Allier	2	2	4	Lozère	1	1	2
Alpes (Basses-)	1	1	2	Maine-et-Loire	4	3	7
Alpes (Hautes-)	1	1	2	Manche	4	3	7
Ardèche	2	1	3	Marne	3	2	5
Ardennes	2	1	3	Marne (Haute-)	2	2	4
Ariége	2	1	3	Mayenne	3	2	5
Aube	2	1	3	Meurthe	3	2	5
Aude	2	2	4	Meuse	2	2	4
Aveyron	3	2	5	Morbihan	4	2	6
Bouches-du-Rhône	3	2	5	Moselle	4	3	7
Calvados	4	3	7	Nièvre	2	2	4
Cantal	2	1	3	Nord	8	4	12
Charente	3	2	5	Oise	3	2	5
Charente-Inférieure	4	2	6	Orne	4	3	7
Cher	2	2	4	Pas-de-Calais	4	3	7
Corrèze	2	1	3	Puy-de-Dôme	4	3	7
Corse	2	»	2	Pyrénées (Basse-)	3	2	5
Côte-d'Or	3	2	5	Pyrénées (Hautes-)	2	1	3
Côtes-du-Nord	4	2	6	Pyrénées-Orientales	1	1	2
Creuse	2	1	3	Rhin (Bas-)	4	2	6
Dordogne	4	3	7	Rhin (Haut-)	3	2	5
Doubs	2	2	4	Rhône	3	2	5
Drôme	2	1	3	Saône (Haute-)	2	1	3
Eure	4	3	7	Saône-et-Loire	4	3	7
Eure-et-Loir	2	2	4	Sarthe	4	3	7
Finistère	4	2	6	Seine	8	4	12
Gard	3	2	5	Seine-Inférieure	6	4	10
Garonne (Haute-)	4	3	7	Seine-et-Marne	3	2	5
Gers	3	2	5	Seine-et-Oise	4	3	7
Gironde	5	3	8	Sèvres (Deux-)	2	1	3
Hérault	3	2	5	Somme	4	3	7
Ille-et-Vilaine	4	3	7	Tarn	2	2	4
Indre	2	1	3	Tarn-et-Garonne	2	2	4
Indre-et-Loire	2	2	4	Var	3	2	5
Isère	4	2	6	Vaucluse	2	1	3
Jura	2	1	3	Vendée	3	2	5
Landes	2	1	3	Vienne	2	2	4
Loir-et-Cher	2	1	3	Vienne (Haute-)	2	2	4
Loire	3	2	5	Vosges	3	2	5
Loire (Haute-)	2	1	3	Yonne	3	2	5
Loire-Inférieure	4	2	6				
Loiret	3	2	5	TOTAUX	258	172	430

TABLEAU n° 1, annexé à l'ordonnance du 24 décembre 1823.

DÉPARTEMENS.	ARRONDISSEMENS électoraux.	VILLES où se réuniront les colléges d'arrondissement.	NOMBRE de Députés à nommer.
Ain	1	Bourg	1
	2	Trévoux	1
	3	Belley	1
Aisne	1	Laon	1
	2	Saint-Quentin	1
	3	Vervins	1
	4	Soissons	1
Allier	1	Moulins	1
	2	Montluçon	1
Ardèche	1	Privas	1
	2	Tournon	1
Ardennes	1	Mézières	1
	2	Réthel	1
Ariége	1	Foix	1
	2	Pamiers	1
Aube	1	Troyes	1
	2	Bar-sur-Aube	1
Aude	1	Castelnaudary	1
	2	Narbonne	1
Aveyron	1	Rodès	1
	2	Villefranche	1
	3	Milhau	1
Bouches-du-Rhône	1	Marseille	1
	2	Aix	1
	3	Arles	1
Calvados	1	Caen	1
	2	Bayeux	1
	3	Falaise	1
	4	Lisieux	1
Cantal	1	Aurillac	1
	2	Saint-Flour	1
Charente	1	Angoulême	1
	2	Confolens	1
	3	Cognac	1

DÉPARTEMENS.	ARRONDISSEMENS électoraux.	VILLES où se réuniront les colléges d'arrondissement.	NOMBRE de Députés à nommer.
Charente-Inférieure .	1	La Rochelle	1
	2	Rochefort	1
	3	Saintes	1
	4	Jonzac.	1
Cher.	1	Bourges	1
	2	Saint-Amand. . . .	1
Corrèze.	1	Brives	1
	2	Ussel	1
Côte-d'Or.	1	Dijon	1
	2	Beaune	1
	3	Châtillon.	1
Côtes-du-Nord. . . .	1	Saint-Brieu	1
	2	Dinan	1
	3	Guingamp	1
	4	Lannion	1
Creuse.	1	Guéret.	1
	2	Aubusson	1
Dordogne.	1	Périgueux	1
	2	Riberac	1
	3	Bergerac	1
	4	Sarlat	1
Doubs.	1	Baume	1
	2	Besançon.	1
Drôme.	1	Valence	1
	2	Montélimart	1
Eure.	1	Évreux	1
	2	Pont-Audemer . . .	1
	3	Bernay	1
	4	Les Andelys	1
Eure-et-Loir.	1	Chartres	1
	2	Nogent-le-Rotrou . .	1
Finistère.	1	Brest	1
	2	Morlaix	1
	3	Châteaulin	1
	4	Quimper	1
Gard.	1	Nîmes.	1
	2	Saint-Hippolyte. . .	1
	3	Uzès.	1

DÉPARTEMENS.	ARRONDISSEMENS électoraux.	VILLES où se réuniront les colléges d'arrondissement.	NOMBRE de Députés à nommer.
Garonne (Haute-). .	1	Toulouse.	1
	2	Toulouse.	1
	3	Villefranche.	1
	4	Muret.	1
Gers.	1	Auch.	1
	2	Eause.	1
	3	L'Ile-en-Jourdain. . .	1
Gironde.	1	Bordeaux.	1
	2	Bordeaux.	1
	3	Blaye.	1
	4	Libourne.	1
	5	La Réole.	1
Hérault.	1	Montpellier.	1
	2	Béziers.	1
	3	Lodève.	1
Ille-et-Vilaine. . . .	1	Saint-Malo.	1
	2	Rennes.	1
	3	Vitré.	1
	4	Redon.	1
Indre.	1	Châteauroux.	1
	2	La Châtre.	1
Indre-et-Loire. . . .	1	Tours.	1
	2	Chinon.	1
Isère.	1	Grenoble.	1
	2	Tullins.	1
	3	Crémieu.	1
	4	Vienne.	1
Jura.	1	Lons-le-Saulnier. . . .	1
	2	Dôle.	1
Landes.	1	Mont-de-Marsan. . . .	1
	2	Dax.	1
Loir-et-Cher.	1	Blois.	1
	2	Vendôme.	1
Loire.	1	Montbrisson.	1
	2	Roane.	1
	3	Saint-Étienne.	1
Loire (Haute-). . . .	1	Le Puy.	1
	2	Yssengeaux.	1

DÉPARTEMENS.	ARRONDISSEMENS électoraux.	VILLES où se réuniront les colléges d'arrondissement.	NOMBRE de Députés à nommer.
Loire-Inférieure.	1	Nantes.	1
	2	Saint-Philbert.	1
	3	Nort.	1
	4	Savenay.	1
Loiret.	1	Orléans.	1
	2	Montargis.	1
	3	Pithiviers.	1
Lot.	1	Cahors.	1
	2	Puy-l'Évêque.	1
	3	Figeac.	1
	4	Gourdon.	1
Lot-et-Garonne.	1	Agen.	1
	2	Marmande.	1
	3	Villeneuve-d'Agen.	1
Maine-et-Loire.	1	Angers.	1
	2	Saumur.	1
	3	Beaupréau.	1
	4	Ségré.	1
Manche.	1	Saint-Lô.	1
	2	Avranches.	1
	3	Coutances.	1
	4	Valognes.	1
Marne.	1	Châlons.	1
	2	Vitry-le-Français.	1
	3	Reims.	1
Marne (Haute-).	1	Joinville.	1
	2	Langres.	1
Mayenne.	1	Laval.	1
	2	Château-Gontier.	1
	3	Mayenne.	1
Meurthe.	1	Nancy.	1
	2	Lunéville.	1
	3	Château-Salins.	1
Meuse.	1	Bar-le-Duc.	1
	2	Verdun.	1
Morbihan.	1	Vannes.	1
	2	Lorient.	1
	3	Pontivy.	1
	4	Ploërmel.	1

DÉPARTEMENS.	ARRONDISSEMENS électoraux.	VILLES où se réuniront les colléges d'arrondissement.	NOMBRE de Députés à nommer.
Moselle.	1	Briey.	1
	2	Thionville.	1
	3	Metz.	1
	4	Sarreguemines.	1
Nièvre.	1	Nevers.	1
	2	. . . .	1
Nord.	1	Dunkerque.	1
	2	Hazebrouck.	1
	3	Lille.	1
	4	Lille.	1
	5	Avesnes.	1
	6	Cambrai.	1
	7	Douai.	1
	8	Valenciennes.	1
Oise.	1	Beauvais.	1
	2	Compiègne.	1
	3	Clermont.	1
Orne.	1	Alençon.	1
	2	Argentan.	1
	3	Domfront.	1
	4	Mortagne.	1
Pas-de-Calais.	1	Arras.	1
	2	Boulogne.	1
	3	Aire.	1
	4	Hesdin.	1
Puy-de-Dôme.	1	Clermont.	1
	2	Riom.	1
	3	Issoire.	1
	4	Ambert.	1
Pyrénées (Basses-).	1	Pau.	1
	2	Orthès.	1
	3	Baïonne.	1
Rhin (Bas-).	1	Saverne.	1
	2	Benfelden.	1
	3	Haguenau.	1
	4	Strasbourg.	1
Rhin (Haut-).	1	Altkirch.	1
	2	Colmar.	1
	3	Belfort.	1

DÉPARTEMENS.	ARRONDISSEMENS électoraux.	VILLES où se réuniront les colléges d'arrondissement.	NOMBRE de Députés à nommer.
Rhône.	1	Lyon.	1
	2	Lyon.	1
	3	Villefranche.	1
Saône (Haute-).	1	Gray.	1
	2	Vesoul.	1
Saône-et-Loire.	1	Mâcon.	1
	2	Châlons-sur-Saone.	1
	3	Autun.	1
	4	Charolles.	1
Sarthe.	1	Le Mans.	1
	2	Mamers.	1
	3	La Flèche.	1
	4	Saint-Calais.	1
Seine.	1	Paris.	1
	2	Paris.	1
	3	Paris.	1
	4	Paris.	1
	5	Paris.	1
	6	Paris.	1
	7	Paris.	1
	8	Paris.	1
Seine-Inférieure.	1	Rouen.	1
	2	Rouen.	1
	3	Le Havre.	1
	4	Yvetot.	1
	5	Dieppe.	1
	6	Neufchâtel.	1
Seine-et-Marne.	1	Meaux.	1
	2	Provins.	1
	3	Melun.	1
Seine-et-Oise.	1	Pontoise.	1
	2	Corbeil.	1
	3	Montfort-l'Amaury.	1
	4	Versailles.	1
Sèvres (Deux-)	1	Parthenay.	1
	2	Niort.	1
Somme.	1	Abbeville.	1
	2	Amiens.	1
	3	Amiens.	1
	4	. . . .	1

DÉPARTEMENS.	ARRONDISSEMENS électoraux.	VILLES où se réuniront les colléges d'arrondissement.	NOMBRE de Députés à nommer.
Tarn.	1	Alby.	1
	2	Castres.	1
Tarn-et-Garonne.	1	Montauban.	1
	2	Castel-Sarrasin.	1
Var.	1	Brignolles.	1
	2	Grasse.	1
	3	Toulon.	1
Vaucluse.	1	Avignon.	1
	2	Carpentras.	1
Vendée.	1	Bourbon-Vendée.	1
	2	Fontenay.	1
	3	Les Sables.	1
Vienne.	1	Poitiers.	1
	2	Châtellerault.	1
Vienne (Haute-).	1	Saint-Junien.	1
	2	Limoges.	1
Vosges.	1	Épinal.	1
	2	Remiremont.	1
	3	Neufchâteau.	1
Yonne.	1	Villeneuve-le-Roi.	1
	2	Auxerre.	1
	3	Avallon.	1

TABLEAU n° 2, annexé à l'ordonnance du 24 décembre 1823.

DÉPARTEMENS.	VILLES OU SE RÉUNIRONT les colléges électoraux de département.	NOMBRE de Députés à nommer.
Ain.	Bourg.	2
Aisne.	Laon.	2
Allier.	Moulins.	2
Ardèche.	Privas.	1
Ardennes.	Mézières.	1
Ariége.	Foix.	1
Aube.	Troyes.	1
Aude.	Carcassonne.	2
Aveyron.	Rodès.	2
Bouches-du-Rhône.	Marseille.	2
Calvados.	Caen.	3
Cantal.	Aurillac.	1
Charente.	Angoulême.	2
Charente-Inférieure. . . .	La Rochelle.	3
Cher.	Bourges.	2
Corrèze.	Tulle.	1
Côte-d'Or.	Dijon.	2
Côtes-du-Nord.	Saint-Brieuc.	2
Creuse.	Guéret.	1
Dordogne.	Périgueux.	3
Doubs.	Besançon.	2
Drôme.	Valence.	1
Eure.	Evreux.	3
Eure-et-Loir.	Chartres.	2
Finistère.	Quimper.	2
Gard.	Nîmes.	2
Garonne (Haute-).	Toulouse.	3
Gers.	Auch.	2
Gironde.	Bordeaux.	3
Hérault.	Montpellier.	2
Ille-et-Vilaine.	Rennes.	3
Indre.	Châteauroux.	1
Indre-et-Loire.	Tours.	2
Isère.	Grenoble.	2
Jura.	Lons-le-Saulnier.	1
Landes.	Mont-de-Marsan.	1
Loir-et-Cher.	Blois.	[illegible]

DÉPARTEMENS.	VILLES OU SE RÉUNIRONT les colléges électoraux de département.	NOMBRE de Députés à nommer.
Loire.	Montbrison.	2
Loire (Haute-).	Le Puy.	1
Loire-Inférieure.	Nantes.	2
Loiret.	Orléans.	2
Lot.	Cahors.	2
Lot-et-Garonne.	Agen.	2
Maine-et-Loire.	Angers.	3
Manche.	Saint-Lô.	3
Marne.	Châlons.	2
Marne (Haute-).	Chaumont.	2
Mayenne.	Laval.	2
Meurthe.	Nancy.	2
Meuse.	Verdun.	2
Morbihan.	Vannes.	2
Moselle.	Metz.	3
Nièvre.	Nevers.	2
Nord.	Lille.	4
Oise.	Beauvais.	2
Orne.	Alençon.	3
Pas-de-Calais.	Arras.	3
Puy-de-Dôme.	Clermont.	3
Pyrénées (Basses-).	Pau.	2
Rhin (Bas-).	Strasbourg.	2
Rhin (Haut-).	Colmar.	2
Rhône.	Lyon.	2
Saône (Haute-).	Vesoul.	1
Saône-et-Loire.	Mâcon.	3
Sarthe.	Le Mans.	3
Seine.	Paris.	4
Seine-Inférieure.	Rouen.	4
Seine-et-Marne.	Melun.	2
Seine-et-Oise.	Versailles.	3
Sèvres (Deux-).	Niort.	1
Somme.	Amiens.	3
Tarn.	Alby.	2
Tarn-et-Garonne.	Montauban.	2
Var.	Draguignan.	2
Vaucluse.	Avignon.	1
Vendée.	Bourbon-Vendée.	2
Vienne.	Poitiers.	2
Vienne (Haute-).	Limoges.	2
Vosges.	Épinal.	2
Yonne.	Auxerre.	2

TABLEAU n° 3 annexé à l'ordonnance du 24 décembre 1823.

DÉPARTEMENS.	VILLES où se réuniront les colléges électoraux.	NOMBRE de Députés à nommer.
Alpes (Basses-)......	Digne...........	2
Alpes (Hautes-)......	Gap............	2
Corse.............	Ajaccio..........	2
Lozère............	Mende...........	2
Pyrénées (Hautes-)....	Tarbes...........	3
Pyrénées-Orientales....	Perpignan.........	2

APPROUVÉ.

Signé LOUIS.

Par le Roi :

Le ministre secrétaire d'état au département de l'intérieur.

Signé CORBIÈRE.

DES

DROITS ÉLECTORAUX.

CHAPITRE I.

DE LA LÉGISLATION ÉLECTORALE.

C'est dans la Charte que prend naissance le droit d'élection. Il convenait que le principe en fût déposé dans le premier monument de nos libertés modernes, et que le pacte qui les créait nous donnât le moyen de les maintenir. Mais là n'est point tout entière la législation électorale. D'autres dispositions sont venues la compléter, l'agrandir; et la loi la plus importante sur cette matière, celle qui nous promet à l'avenir des choix purs de tout soupçon, et qu'on a appelée à juste titre la Charte des élections, est d'une date beaucoup plus récente. Le plus léger examen suffit d'ailleurs pour se convaincre qu'il manque encore beaucoup à cet égard à notre droit public, et qu'il réclame de l'expérience de nombreuses améliorations.

Si ce fut prudence en effet, à une époque encore voisine de nos orages politiques, d'ajourner le droit de l'électeur et de l'éligible à la seconde moitié de leur vie, ne serait-ce pas aujourd'hui une sorte de méfiance dans le législateur que de rester sourd aux vives réclamations du siècle, qui lui demande de faire cesser notre longue minorité politique ? Est-ce sagesse à lui de n'admettre presque que des propriétaires dans les colléges, au risque de laisser d'autres intérêts sans représentans, et de les y admettre sans s'informer même si leurs biens sont libres, si leur propriété n'est pas grevée de charges supérieures à son prix? L'entrée de ces colléges devra-t-elle toujours être refusée aux citoyens que des garanties non moins sûres firent admettre par le législateur du Code dans l'enceinte judiciaire, qui reçurent de lui un siége près des magistrats, et furent appelés à prononcer sur la vie de leurs concitoyens au nom de l'honneur et de la conscience? Enfin la justice distributive n'exige-t-elle pas que le droit de délégation accordé à la veuve le soit de même au père, que celui-ci puisse se faire représenter par son fils si l'âge et les infirmités l'empêchent d'exercer son droit, et d'autres dispositions analogues?

Interprètes de la loi existante, nous n'exprimons ici que des doutes, et nous n'anticiperons pas sur les solutions que ces graves difficultés doivent recevoir. Nous nous garderons surtout de blâmer le législateur de ce qu'il n'a point fait, car toute législation a besoin d'être essayée ; il n'en est aucune peut-être qui ne consacre ou ne tolère des inconséquences, aucune dont le temps ne doive, pour ainsi dire, faire l'éducation, et qui, imparfaite à sa naissance, ne doive grandir et devenir forte avec les années. S'il est du devoir de tout citoyen de lui obéir, il est de son droit d'en signaler les imperfections, c'est là un privilége tout constitutionnel et d'autant plus précieux que les découvertes d'une pareille critique sont profitables, sans que ses erreurs puissent nuire, puisqu'elles ne sauraient manquer d'être relevées.

La Charte a d'ailleurs consacré les premiers principes de la matière. Donner indistinctement à tous le droit d'élection, c'était, l'expérience l'a prouvé, en abandonner le résultat à la brigue, aux factions; choisir entre tous ceux qui, par leur position sociale, intéressés au bien public, en état de suivre les débats parlementaires, ne déposeront dans l'urne qu'un vote éclairé, n'inscriront sur leurs bulletins que des noms respectables, telle devait être, telle fut la pensée du législateur de la Charte.

Ainsi ce n'est point un privilége que la Charte accorde aux électeurs en vertu de la propriété qui repose sur leur tête, notre droit public n'en reconnaît pas; c'est une sorte de magistrature dont elle les revêt, c'est un jury politique qu'elle les appelle à former. Dès lors, pour eux comme pour le magistrat, comme pour le juré, l'exercice d'un droit n'est que l'accomplissement d'un devoir; et pour se déterminer dans leur vote, c'est l'intérêt public, non leur intérêt propre, qu'à peine de forfaiture, ils doivent consulter.

CHAPITRE II.

QUI EST ÉLECTEUR.

La loi exige du citoyen certaines conditions pour l'investir des fonctions électorales, comme autant de garanties de son aptitude à les remplir. Un âge, un cens, une possession spéciale sont requis. Notre première tâche doit donc être d'examiner quelle est cette capacité, et comment il en doit justifier ; nous verrons plus tard quels droits elle lui donne.

Or, pour être électeur, il faut être Français, être âgé de trente ans accomplis, avoir son domicile réel ou politique dans le département où l'on veut voter, enfin payer trois cents francs de contribution directe ; il faut aussi et au préalable avoir la jouissance de tous ses droits civils et politiques, car en vain l'individu qui en est privé réunit toutes les conditions pour être électeur, il est inhabile, inadmissible à les faire valoir. Tel est l'effet d'une condamnation à des peines afflictives et infamantes, et même d'une simple condamnation à des peines correctionnelles, si le tribunal y a joint la suspension de certains droits (C. P., art. 48). Le prodigue, l'interdit, le débiteur failli sont aussi exclus de ces fonctions, parce que la loi leur enlève une partie de leur capacité civile ; enfin l'état de domesticité qui, d'après l'article 5 de la loi du 28 frimaire an VIII, suspend la capacité politique, semble également devoir être un motif pour en éloigner un individu. Cette question, qui, à notre connaissance, n'a pas encore été jugée, pourrait se présenter dans la maison des princes.

CHAPITRE III.

QUI EST CITOYEN FRANÇAIS.

Nul n'est électeur s'il n'est Français. L'étranger admis à établir son domicile en France, peut y jouir de tous les droits civils; une législation généreuse, hospitalière, remplaçant une législation jalouse et spoliatrice, a pu, a dû même aller jusqu'à effacer sous ce rapport toute différence entre lui et les nationaux ; mais il n'en saurait être de même des droits politiques, et les colléges électoraux ne peuvent s'ouvrir pour celui-là qui, né sous une autre constitution, élevé dans d'autres principes, n'y apporterait point ce patriotisme éclairé qui fut le premier vœu du législateur.

Or, sont Français, aux termes du Code, et en outre des individus qui, nés en France de parens français, forment l'immense majorité de la nation, et constituent en quelque sorte le droit commun à cet égard, citoyens tout à la fois par le droit du sang et par celui de la naissance :

L'individu, né en France d'un étranger, qui, dans l'année qui a suivi l'époque de sa majorité, aura réclamé cette qualité et fixé en France son domicile (C. c., art. 9);

L'enfant né d'un Français en pays étranger; celui qui né d'un Français, mais d'un Français qui aurait perdu cette qualité, aura rempli, à quelque époque

que ce soit de sa vie, les formalités imposées dans l'année de sa majorité à l'étranger né en France qui veut devenir français (C. c., art. 10).

De quelle majorité entend parler l'art. 9 du C. C.? Est-ce celle déterminée par la loi française? Nous ne le pensons pas. Autrement, soumis aux lois étrangères jusqu'à sa déclaration, s'il était, à l'âge de vingt et un ans, retenu sur le sol qu'elles régissent par une minorité plus longue que celle des Français, l'étranger qu'un instinct d'affection ramènerait vers le pays où il est né, où s'est peut-être écoulée son enfance, où l'éducation a pu l'affilier aux nationaux, se verrait privé malgré lui du bienfait que le législateur a voulu lui accorder. Or il n'a pu entrer dans la pensée de celui-ci de promettre une faveur qui le plus souvent serait illusoire, et c'est ce motif qui nous fait repousser l'avis contraire, quoiqu'adopté par des jurisconsultes recommandables.

Sont encore Français, les descendans des religionnaires fugitifs rentrés en France. Destinée à réparer autant que possible les suites d'un acte qui fut tout à la fois une grande injustice envers des Français et une grande calamité pour la France, la loi du 15 décembre 1790 n'a pas voulu que ceux qui nés sur la terre d'exil se reporteraient vers leur patrie d'origine, en fussent repoussés comme étrangers; elle ne leur accorde pas seulement la possibilité d'une naturalisation, elle fait plus, elle les déclare Français. « Toutes personnes qui, nées en pays étranger, descendent, en quelque degré que ce soit, d'un Français ou d'une Française expatriés pour cause de religion, sont déclarées naturels français et jouiront des droits attachés à cette qualité, si elles reviennent en France, y fixent leur domicile et prêtent le serment civique. Les fils de famille ne pourront user de ce droit sans le consentement de leurs père, mère, aïeul ou aïeule, qu'autant qu'ils seront majeurs et jouiront de leurs droits. »

Les étrangers que la législation intermédiaire a admis au rang de citoyen : et pour s'en faire une idée juste, il faut se reporter à la date de chacune des lois qui la composent. Première dérogation aux anciens principes de la matière, un décret de l'assemblée constituante, du 2 mai 1790, sanctionné par le roi, porte : « Tous ceux qui, nés hors du royaume de parens étrangers, sont établis en France, sont réputés Français, et admis, en prêtant le serment civique, à l'exercice des droits de citoyens actifs, après cinq ans de domicile continu dans le royaume, s'ils ont en outre aussi acquis des immeubles ou épousé une Française et formé un établissement de commerce. »

L'acte constitutionnel de septembre 1791 ne fit que confirmer ces dispositions ; mais la constitution de 1793 se montra plus favorable encore aux étrangers, elle admet à l'exercice des droits de citoyen français, tout étranger qui, âgé de vingt et un ans accomplis, et domicilié en France depuis un an, y vit de son travail ou acquiert un immeuble, ou épouse une Française, ou adopte un enfant, ou nourrit un vieillard, ou tout étranger enfin qui serait jugé par le corps législatif avoir bien mérité de l'humanité.

La constitution de l'an III n'accorda à l'étranger le titre de citoyen français que, lorqu'après avoir atteint l'âge de vingt et un ans accomplis et déclaré l'intention de se fixer en France, il y aurait résidé pendant sept années consécutives, pourvu qu'il payât une contribution directe, et qu'en outre il possédât une propriété foncière ou un établissement soit d'agriculture, soit de commerce, où qu'il y eût épousé une Française. La constitution de l'an VIII porte à dix années le terme voulu pour la résidence. Un sénatus-consulte, du 28 vendémiaire an XI, attribue de plus au gouvernement le droit d'accorder la naturalisation, après un délai de cinq ans seulement, aux étrangers qui auraient rendu des services à l'État, ou qui lui apporteraient des talens, des inventions utiles, ou qui y formeraient de grands établissemens. Un autre sénatus-consulte, en date du 19 février 1808, réduisit ce délai à un an.

Enfin, le 17 mars 1809, un décret investit le chef du gouvernement du pouvoir d'accorder des lettres de naturalisation aux étrangers. L'ordonnance du 4 juin 1814 en exige même de spéciales pour siéger dans l'une ou l'autre des deux chambres législatives.

La loi du 14 octobre 1814 complète cette législation et statue : « Art. 1er. Tous les habitans des départemens qui avaient été réunis au territoire de la France depuis 1791, et qui, en vertu de cette réunion, se sont établis sur le territoire actuel de laFrance et y ont résidé sans interruption pendant dix années, sont censés avoir fait la déclaration exigée par l'article 3 de la loi du 28 frimaire an VIII, à charge par eux de déclarer, dans le délai de trois mois à dater de la publication des présentes, qu'ils persistent dans la volonté de se fixer en France. Ils obtiendront à cet effet de nous des lettres de déclaration de naturalité, et pourront jouir dès ce moment des droits de citoyens français, à l'exception de ceux réservés par l'ordonnance du 4 juin 1814. Art. 2. Ceux qui n'ont pas encore dix années de résidence réelle dans l'intérieur de la France acquerront le même droit de citoyens français le jour où leurs dix ans de résidence seront révolus, à la charge par eux de faire dans le même délai la déclaration susdite. Nous nous réservons néanmoins d'accorder, si nous le jugeons convenable, même avant les dix ans de résidence révolus, des lettres de déclaration de naturalité. »

Ainsi des droits sont acquis à tous ceux qui ont rempli les conditions voulues par les lois citées; ils ne sont plus étrangers, ils sont Français et citoyens et peuvent en réclamer tous les droits. En vain le décret du 17 mars 1809 exige une déclaration de naturalité prononcée par le souverain, ce décret n'a pu réagir sur l'état de ceux qui avaient obtenu le titre de Français des lois précédentes. Deux arrêts de la Cour royale d'Amiens, 12 et 14 février 1824; trois de la Cour royale de Lyon, novembre 1827; enfin un arrêt de la Cour royale de Paris, rendu en septembre 1827, en faveur du sieur Frudelizzi, ont fixé la jurisprudence à cet égard. Nous allons même jusqu'à penser qu'on ne peut leur opposer l'ordonnance du 4 juin 1814. La loi qui a fixé leur titre n'ayant mis aucune condition à cette faveur, aucune différence entre eux et leurs concitoyens d'adoption, il n'appartient à personne de rappeler un caractère entièrement effacé en eux. Il en serait autrement de ceux qui n'auraient obtenu la naturalisation qu'après la loi du 14 octobre 1814.

Reste à s'expliquer sur les déclarations exigées. Faudra-t-il toujours une déclaration écrite, consignée sur des registres, et cette déclaration ne pourra-t-elle pas résulter plus évidemment encore de circonstances qui l'établiront sans réplique? En effet, nous ne voyons pas que la loi ait déterminé d'une manière positive en quoi elle consisterait, ni qu'elle ait prononcé aucune déchéance : plus sage, elle en a laissé l'appréciation aux tribunaux. Aussi décidons-nous avec les Cours que celui qui a porté les armes pour son pays, ou offert de les porter en se présentant au recrutement, qui a rempli une charge publique ou fait inscrire son nom sur les listes du jury, a, par le fait, manifesté suffisamment l'intention de devenir Français.

Mais quel sera le sort des enfans de l'étranger devenu Français? Ceux-ci, bien que nés hors du royaume, suivront-ils le sort de leur père? Le Code nous autorise à le penser ainsi, bien que, récemment soumise à la cour royale de Grenoble, cette question ait reçu d'elle une solution contraire. La maxime *Filius patrem sequitur* est écrite dans le Code, elle est écrite dans l'article 10, qui astreint le fils d'un Français qui a perdu cette qualité à réclamer le titre qu'autrement il tiendrait de sa naissance. C'est ce qui nous fait croire que la femme et les enfans mineurs de l'étranger devenu Français suivront le sort de celui-ci.

Quant à l'étrangère qui a épousé un Français, la loi elle-même a tranché la question (C. C., art. 12). Son mariage l'a rendue Française. Ainsi épouse, les impôts qu'elle paie compteront à son mari ; veuve, elle pourra les déléguer à son fils ou à son gendre.

CHAPITRE IV.

DE L'AGE DES ÉLECTEURS.

La loi veut dans l'électeur une majorité spéciale; elle a fixé à trente ans cette majorité que les constitutions ne portaient qu'à vingt-cinq, et rendaient commune à l'électeur et à l'éligible.

A quelle époque faudra-t-il que l'électeur ait trente ans accomplis? Il suffit évidemment qu'il ait atteint cet âge avant l'époque de la clôture des listes, s'il s'agit de l'inscription annuelle et ordinaire; avant le jour désigné pour la réunion des colléges électoraux, s'il s'agit d'une convocation spéciale. Car puisque la loi a voulu que l'âge de l'électeur lui fût une garantie de son choix, son vœu est rempli dès que les trente ans de celui-ci sont accomplis au moment où il est appelé à exercer ses fonctions. Cette question du reste ne peut faire difficulté; l'on a toujours décidé de même, soit pour l'accomplissement des six mois nécessaires pour la translation du domicile politique, soit pour l'année de possession exigée par l'article 4 de la loi du 29 juin 1820, et la Cour royale de Montpellier, par arrêt en date du 5 mai 1829, vient dernièrement d'écarter le système contraire.

CHAPITRE V.

DU DOMICILE POLITIQUE.

La loi du 5 mai 1817, porte : « Le domicile politique de tout Français est dans le département où il a son domicile réel, néanmoins il pourra le transférer dans tout autre département où il paiera des contributions directes, à la charge d'en faire un mois d'avance une déclaration expresse devant le préfet du département où il aura son domicile actuel, et devant le préfet du département où il voudra le transférer. »

Ainsi de droit commun le domicile politique n'est autre que le domicile réel.

Or, aux termes du C. C. (art. 102), le domicile réel est au lieu où l'on a son principal établissement. Le changement de domicile s'opère par le fait d'une habitation réelle dans un autre lieu, joint à l'intention d'y fixer son principal établissement (art. 103). La preuve de l'intention résulte d'une déclaration expresse faite tant à la municipalité du lieu qu'on quitte qu'à celle du lieu où l'on aura transféré son domicile (art. 104). A défaut de déclaration expresse, la preuve de l'intention résulte des circonstances (art. 105).

Le domicile réel s'établit par l'impôt personnel, cet impôt, comme la patente, ne se percevant qu'au lieu du principal établissement. Si un individu, propriétaire, mais éloigné de la France par des voyages ou toute autre circonstance, se trouvait n'avoir acquitté nulle part cette contribution, son domicile réel serait alors son domicile d'origine.

Mais il est loisible au citoyen d'élire un domicile politique comme d'élire un domicile judiciaire, et il convient d'examiner à quelles conditions il peut l'acquérir.

Ces conditions sont simples. Il suffit qu'il paie une contribution directe dans un département pour qu'il puisse y porter l'exercice de son droit électoral, en manifestant sa volonté par une déclaration expresse devant le préfet du département où il a son domicile réel ou simplement politique, et devant le préfet du département où il le voudra transférer.

Le domicile nouveau ne lui est acquis que six mois après cette double déclaration, jusque là il conserve le premier et peut y voter. Une décision du Conseil d'État a rendu hommage à ce principe, qui semblait ne pouvoir être méconnu. (*Ordonnance du Roi du 14 octobre 1827, rendue sur le pourvoi du baron Rottet de la Bouillerie.*)

Le domicile politique ne se transporte d'un lieu à un autre, qu'en vertu de déclarations formelles (*Décret du 17 janvier 1806*); mais ceci n'est vrai qu'autant qu'il est distinct du domicile réel, qu'autrement il suit partout. Il y a plus, si un électeur cesse de payer dans un département l'impôt qui lui donnait le droit d'y avoir son domicile politique, sa déclaration perdant son effet, son domicile politique se réunit à l'instant même à son domicile réel.

L'acceptation de fonctions publiques révocables n'emportant point translation du domicile réel dans le lieu où ces fonctions s'exercent (C. C. art. 106), les fonctionnaires, pour y établir leur domicile politique, doivent remplir les conditions imposées à tous autres, c'est-à-dire y payer un impôt et y faire une déclaration. Il en est autrement des fonctions à vie (C. C. art. 107).

C'est à partir de la seconde déclaration que courra le délai de six mois dont il s'agit dans les lois citées.

CHAPITRE VI.

DE LA POSSESSION ANNALE.

Au nombre des garanties exigées par la loi de l'électeur se trouve la possession annale. Ce qu'il fallait en effet pour être admis dans les colléges, c'était une propriété sincère, non une propriété fugitive, c'était une capacité acquise, non une capacité par accident, ou peut-être même improvisée pour l'élection. La loi du 29 juin 1820 porte, art. 4 : « Les contributions directes ne seront comptées pour être électeur ou éligible que lorsque la propriété foncière aura été possédée, la location faite, la patente prise, et l'industrie sujette à patente exercée une année avant l'époque de la convocation du collége électoral. »

Fixons-nous d'abord sur le sens de la loi, et remarquons qu'elle n'exige pas que le cens électoral ait été acquitté depuis plus d'un an, mais que la possession de l'objet imposé date de cette époque. Ainsi celui qui payait l'année dernière 200 francs d'impôt pour sa propriété pourra, si cette année il en acquitte 300, requérir son inscription sur les listes électorales, car il satisfait aux conditions de la loi. Il suffit que l'an de possession soit révolu le jour de la clôture des listes ou de la convocation des colléges; les termes de la loi dissipent tout doute à cet égard.

Mais il est des circonstances où la possession du propriétaire se lie à celle de son auteur, il est des transmissions trop respectables pour que la loi puisse les voir avec méfiance et les entacher d'un soupçon. Ainsi elle a dû dispenser les successibles d'une possession annale en leur nom propre, parce qu'ils continuent la personne du propriétaire antérieur; ainsi encore l'héritier testamentaire, le légataire ou donataire après décès, doivent être considérés comme possesseurs à titre successif, aussi bien que l'héritier direct, parce qu'ils se trouvent dans des circonstances qui écartent tout soupçon de fraude et dissimulation, et ne doivent être assujétis, comme les premiers, qu'à l'an de possession de leur auteur.

La jurisprudence a étendu cette faveur au donataire en ligne directe, parce qu'alors la donation est réputée faite en avancement d'hoirie. (*Arrêt de la Cour royale de Rouen*, 23 *avril* 1828.) Ainsi la dot de la femme est dispensée de l'an de possession.

L'époux doit profiter également de la possession de sa femme, et le fils ou le gendre délégataire, de celle de la veuve.

Ce qui est vrai pour le propriétaire doit l'être pour le commerçant, pour le locataire. Celui qui succède à l'industrie, à la location de ses parens, soit par héritage, soit par donation, celui à qui sa femme apporte en dot un commerce, confondra donc aussi son droit avec celui de la personne qui lui transmet.

S'il s'agit d'une propriété, l'année de possession doit être comptée à partir du jour de l'enregistrement de l'acte de vente ou de donation. Jusqu'à la formalité indispensable de l'enregistrement, l'acte ne faisant foi qu'entre les parties, cette date seule fixe d'une manière authentique l'époque de la transmission de la propriété.

L'année d'habitation doit être comptée à partir de l'entrée en jouissance de l'appartement ou de la maison qui fait l'objet de la location, attestée par le bail ou la déclaration du propriétaire.

Celle d'exercice de l'industrie, à partir de la délivrance de la patente, pourvu qu'il y ait eu exercice réel de commerce ou d'industrie.

On a demandé si alors qu'un propriétaire acquérait un immeuble en remploi de celui qu'il vendait, et par là ne cessait qu'un instant d'être propriétaire, il pouvait suppléer à la possession du bien acquis par la possession du bien vendu, et l'on s'est déterminé pour la négative. Il y aurait cependant un cas où il pourrait se prévaloir d'un pareil supplément, ce serait celui du remploi légal des biens de la femme, prévu par les articles 1434 et 1435 du C. C., pour le mariage sous le régime de la communauté, et 1459 pour le mariage sous le régime dotal. Nous pensons encore qu'il en serait de même dans le cas d'échange.

CHAPITRE VII.

DU CENS ÉLECTORAL.

Le cens électoral est fixé par la Charte à 300 fr.

Peuvent seules composer ce cens, les contributions directes, c'est-à-dire celles que le contribuable verse par ses mains et en son nom dans la caisse du Trésor, à la différence des contributions indirectes, qui, ne portant que sur des marchandises ou des transactions, n'y arrivent que par un intermédiaire sans qu'on puisse savoir d'une manière certaine qui les a payées en définitive. L'imposition foncière, l'imposition personnelle et mobilière, l'imposition des portes et fenêtres et des patentes, appartiennent évidemment à la première classe, et sont contributions directes.

L'impôt foncier est compté au propriétaire sans que l'hypothèque ni l'antichrèse, qui n'est qu'une aliénation de fruits, y fassent obstacle. Peu importe encore que l'impôt foncier soit acquitté par le propriétaire lui-même ou par son fermier ou locataire, ceux-ci ne le payant qu'en son acquit. Le fait du mandataire est réputé celui du mandant.

Mais la propriété n'est pas toujours pleine et entière. Elle peut être modifiée par diverses causes, entre autres par le réméré, par l'usufruit, le bail à domaine congéable autrefois en usage dans certaines provinces, et l'emphytéose.

Dans le cas de réméré, point de doute. L'acquéreur à pacte de réméré étant bien et réellement propriétaire, quoique sous condition résolutoire, doit profiter de la contribution supportée par l'immeuble qui y est sujet.

Il en est de même de l'usufruitier. C'est lui qui acquitte les impôts, et d'après l'article 597 du Code, il jouit généralement de tous les droits dont le propriétaire peut jouir et comme le propriétaire lui-même. Ainsi le père qui, aux termes de l'article 334 du Code, a la jouissance légale des biens de ses enfans mineurs, a droit de se prévaloir des impôts qu'il paie en cette qualité.

Par le bail à domaine congéable, la jouissance d'un fonds était concédée au preneur pour un temps indéterminé, moyennant une redevance fixe, faculté réservée au bailleur de rentrer dans cette jouissance en remboursant au preneur toutes les dépenses par lui faites en améliorations, constructions, etc. Un décret de l'Assemblée nationale, du 17 juin 1791, rendit la faculté de congément réciproque en l'accordant au preneur. Celui-ci de plus a le droit de rembourser la rente, quoique perpétuelle et privilégiée, et de se rendre ainsi propriétaire incommutable.

Dans cet état de choses, qui du propriétaire primitif ou du tenancier a droit de faire comprendre l'impôt dans son cens électoral?

D'après la solution du ministre, il le faudrait compter au propriétaire primitif jusqu'à concurrence du cinquième de la redevance qu'il perçoit, et le surplus devrait profiter au tenancier.

Cette décision bizarre, comme l'espèce qui y a donné lieu, a été critiquée. On a soutenu que le preneur était propriétaire grevé, il est vrai, d'une rente et d'un réméré, mais toutefois bien et dûment propriétaire (1).

La jurisprudence s'est prononcée jusqu'à ce jour dans le sens du ministre.

L'emphytéose donnant à celui qui en est concessionnaire le droit de vendre et d'hypothéquer aux charges de sa jouissance, a tous les caractères d'un véritable usufruit, et l'emphytéote qui paie 300 fr. d'impôt a droit à son inscription.

Quid, des envoyés en possession? Dans le cas d'envoi en possession définitive point de doute, puisque cet envoi, donnant aux héritiers le droit d'aliéner, est réellement translatif de propriété. Dans le cas d'envoi en possession provisoire, la question est plus difficile; toutefois si l'on considère qu'il y a présomption d'hoirie, que les droits de mutation sont acquittés, qu'enfin les envoyés obtiennent sur les biens de l'absent un quasi-usufruit qui leur attribue les quatre cinquièmes des revenus, il nous semble qu'on devra leur compter les impôts qu'ils acquittent, comme charge de fruits, et sans répétition contre l'absent en cas de retour, ainsi qu'on les compte à l'usufruitier.

Les colons domiciliés en France peuvent, d'après l'instruction ministérielle du 18 août 1817, faire entrer

(1) *Voy.* les Questions électorales de M. Moureau, de Vaucluse.

dans le calcul des contributions exigées pour être électeur ou éligible les contributions directes des colonies dont le produit est versé dans les caisses publiques et employé au paiement des dépenses générales du service du Roi. Pour en justifier, ils doivent produire des extraits de rôle, délivrés par l'agent de la perception dans la colonie, visés par l'intendant ou par l'administrateur qui en fait les fonctions, et légalisés par le ministre de la marine et des colonies.

Les concessionnaires des mines peuvent, pour établir leur cens électoral, se prévaloir de la redevance proportionnelle qu'ils acquittent en cette qualité. En effet, la loi du 21 avril 1810 considère les mines comme immeubles, et les concessionnaires comme propriétaires. Suivant les articles 34, 35 et 37 de cette loi, la redevance fixe que les concessionnaires paient annuellement, et qui est réglée d'après l'étendue de la mine, est le prix d'acquisition, et la redevance proportionnelle qui est réglée chaque année au budget de l'État, comme les autres contributions publiques, et qui est imposée et perçue comme les contributions foncières, est une véritable contribution directe établie sur le produit de la mine.

Tout copropriétaire peut, en justifiant de son droit dans la propriété indivise, faire comprendre dans son cens électoral la portion de contributions à sa charge.

Mais un propriétaire, en raison des pertes éprouvées, a obtenu une remise ou modération sur sa contribution foncière. Cette remise ou modération doit-elle diminuer d'autant son cens électoral? Évidemment non, car ce n'est point un dégrèvement, c'est un secours, une indemnité accordée proportionnellement aux pertes résultant d'événemens imprévus, et à la quotité du fonds de non valeur établi à cet effet.

Nous en déciderons autant, contre l'avis du ministre, pour l'exemption d'impôts ; car, ainsi que l'a reconnu fort judicieusement un arrêt de cassation rendu dans une espèce différente, l'exemption est assimilée au paiement.

En effet, lorsque la loi accorde à une maison rebâtie la faveur d'une exemption d'impôts pendant trois ans, que fait-elle autre chose que s'associer à l'œuvre du propriétaire, qu'accorder une prime à une opération louable et utile aux citoyens? C'est un sacrifice qu'elle partage, non pas une incapacité qu'elle crée.

Il en serait autrement des édifices ou établissemens dont l'impôt n'est pas encore assis, parce que ceux-là la loi ne leur reconnaît pas une existence assez assurée pour entrer dans le commerce, dans la circulation, et aussi pour donner à leur propriétaire un revenu fixe et certain.

Une question grave s'élève à l'occasion de l'impôt foncier, c'est celle de savoir s'il doit s'accroître des centimes additionnels, des centimes facultatifs et extraordinaires et des taxations des percepteurs.

Les centimes additionnels doivent, suivant la circulaire du ministre de l'intérieur du 18 avril 1817, concourir à l'établissement du droit des électeurs et des éligibles. Le ministre le décide également pour les taxations des percepteurs.

Mais, d'après cette même circulaire, les centimes extraordinaires qui seraient imposés pour quelque cause que ce soit, 1° au profit des communes en sus des cinq centimes communaux; 2° pour les départemens en sus des cinq centimes facultatifs, ne devraient point servir à former les 300 francs ou les 1,000 francs exigés.

Ceux qui soutiennent ce système sont séduits par cette idée que la manière de supputer l'impôt doit être la même pour toute la France, et qu'un impôt local ne doit pas faire un électeur de celui-là que sa propriété ne porterait pas à ces fonctions dans le département voisin; mais cette idée n'est-elle pas plus spécieuse que juste?

Ne suffit-il pas, en effet, de réfléchir au système du législateur de la Charte, pour se convaincre qu'il fut dans sa pensée d'appeler au choix des députés tous ceux qu'un intérêt valable, intérêt par lui arbitré à 300 fr. d'impôt, rendrait justes appréciateurs de leur capacité?

Or, tout impôt étant decrété par la Chambre, du moment que je paie 300 fr. d'impôt, j'ai intérêt, donc j'ai droit.

Cet impôt d'ailleurs est direct, puisqu'il est payé sans intermédiaire, et qu'il en est donné quittance nominale; il est foncier comme le principal, puisque c'est le fonds qui l'acquitte, qui est hypothéqué à son acquittement. Peu importe encore qu'il entre ou non dans la caisse du trésor, les taxations n'y entrent pas non plus, il suffit qu'il sorte de la bourse du contribuable.

L'impôt des portes et fenêtres est un élément important du cens électoral. A qui, du propriétaire ou du locataire, doit-il profiter?

Une circulaire de 1817 décidait que cette contribution, par sa nature, n'étant pas à la charge du propriétaire, devait, comme la contribution personnelle, compter au locataire qui la paie.

Mais, par sa nature, au contraire, cet impôt n'est-il pas purement foncier? Aux termes de la loi du 4 frimaire an VII, il est exigible contre les propriétaires et usufruitiers, fermiers et locataires principaux des maisons, bâtimens et usines, sauf leur recours contre les locataires particuliers pour le remboursement de la somme due, en raison des locaux par eux occupés. C'est d'ailleurs, comme on sait, sur le rôle du propriétaire qu'il est porté comme un supplément de l'impôt foncier, et si celui-ci le fait supporter au locataire, ce qui du reste n'arrive pas toujours, il en loue d'autant moins l'objet qu'il donne à bail.

La jurisprudence des Cours, et celle même de la Chambre des Députés, paraissaient, jusqu'à ce jour, dans le sens de la circulaire ministérielle. Cependant, dans ces derniers temps où les questions électorales ont appelé une attention toute particulière, les Cours se sont divisées d'opinion, et nous ne saurions mieux faire, pour éclaircir la difficulté, que de faire connaître et leurs arrêts et leurs motifs.

La Cour royale de Douai est la première qui, à notre connaissance, ait attribué l'impôt des portes et fenêtres au propriétaire. Voici le texte de son arrêt rendu sur la plaidoirie de Me Danel et sur les conclusions conformes de M. d'Haubersart, premier avocat général. (*Gazette des Tribunaux*, 29 novembre 1828.)

« Attendu que la contribution des portes et fenêtres est une contribution directe; que cette contribution est par sa nature inhérente à la propriété foncière, et une sorte de supplément de l'impôt foncier ; — Attendu que sur les matrices du rôle le propriétaire figure et pour l'impôt foncier proprement dit, et pour la contribution des portes et fenêtres; que cette contribution est due principalement par lui, puisqu'il en est tenu en cas d'insolvabilité du locataire, et même lorsque la maison est vacante, sauf le cas de dégrèvement; — Vu l'art. 40 de la Charte constitutionnelle; l'instruction du 8 janvier 1790, celle du 23 novembre même année; l'article 3 de la loi du 4 frimaire an VII, l'article 10 de celle de la loi du 13 floréal an X;

» La Cour met au néant l'arrêté du préfet du Nord, du 24 octobre dernier; dit que Couailhac a droit de se prévaloir de la contribution de 9 fr. 7 c. pour portes et fenêtres; ordonne en conséquence que, sur le vu de l'expédition du présent arrêt, il sera réintégré sur la liste des électeurs du département du Nord. »

La Cour royale de Rennes, troisième chambre, a, par arrêt du 24 décembre 1828, sur le simple considérant qu'aux termes de la loi du 24 frimaire an VII la contribution des portes et fenêtres est établie comme un impôt à la charge des locataires, consacré la doctrine contraire.

Cependant, par deux arrêts rendus presqu'au même

instant, 23 décembre 1828, la Cour royale de Douai, première chambre, persistait dans la jurisprudence adoptée par la seconde chambre de la même Cour, et motivait ainsi ses décisions :

« Attendu que pour déterminer à qui une contribution doit être attribuée dans l'objet de conférer un droit politique, il faut chercher quel est celui qui en réalité supporte la charge dont ce droit dérive ;

» Attendu que la contribution des portes et fenêtres est par sa nature une charge foncière, et qu'elle est réellement supportée par le propriétaire, puisque le locataire qui l'acquitte en a nécessairement compris l'importance dans la taxation du prix qu'il s'est engagé à payer à titre de location ; que si l'on pouvait croire que l'intention du législateur a été, dans la loi du 4 frimaire an VII, de faire de la contribution des portes et fenêtres une charge locative, en accordant au propriétaire qui l'aurait acquittée un recours contre le locataire, il faudrait reconnaître néanmoins qu'il n'avait aucunement en vue l'imputation de cette contribution pour le cens électoral, et que, puisque dans tous les contrats de baux passés depuis cette loi, l'acquittement de cette contribution est de fait retombé à la charge du propriétaire, il convient de rentrer dans le principe que la contribution profite à celui qui la supporte ;

» Attendu que le système contraire tendant à faire de l'imposition des portes et fenêtres une charge locative, ne peut s'appuyer de la disposition de l'article 4 de la loi du 29 juin 1820, qui porte que les contributions directes ne seront comptées pour être électeur ou éligible, que lorsque la location aura été faite une année au moins avant la convocation du collége électoral, puisque la location ne sert point de base à la contribution des portes et fenêtres, mais qu'elle sert uniquement à déterminer la contribution mobilière, en vertu de l'article 5 du décret du 13 janvier 1791;

» La Cour....... »

La Cour royale de Caen, sans prendre un parti dans la question qu'elle n'avait point à décider *in terminis*, a reconnu, par arrêt du 29 décembre 1828, que les propriétaires n'ayant point de recours pour l'impôt des portes et fenêtres des locaux servant à l'usage commun de leurs locataires, le législateur l'ayant mis formellement à leur charge par l'article 55 de la loi du 4 frimaire an VII, c'était à eux seuls qu'un pareil impôt, tel par exemple que celui qui pèse sur une porte cochère, devait profiter pour le cens électoral. Sur ce point il ne saurait y avoir de doute.

Mais la question principale reste toujours indécise, et dans le conflit d'opinions qu'elle a fait naître, c'est du côté du propriétaire que nous croyons devoir nous ranger, et parce que les principes nous paraissent en sa faveur, et parce qu'il offre plus de garanties, et parce qu'un pareil impôt étant pour la plupart du temps inutile aux locataires, l'interprétation contraire tend à resserrer le nombre des électeurs, et par conséquent celui des intérêts représentés.

La patente est encore un impôt direct, et qui par conséquent peut servir à l'établissement du cens électoral.

Il faut pour ce, comme nous l'avons vu, que sa date remonte à plus d'un an.

Mais alors qu'un fils succède à son père, et continue sa personne pour ses dettes actives et passives, ne peut-on pas dire qu'il joint à sa possession celle de son auteur, et ne doit-il pas en être de la succession industrielle comme de la succession foncière? C'est ce qui nous semble incontestable.

Si plusieurs sont intéressés dans une maison de commerce, ils peuvent faire valoir les impôts payés par la société, chacun proportionnellement à son intérêt, en justifiant d'icelui.

Il se présente pour les contributions payées par le commerce une question analogue à celle que nous avons résolue à l'égard de la contribution foncière. Les centimes additionnels imposés en vertu d'une loi pour certains objets, comme construction de bourse et autres semblables, mais ne faisant pas partie du budget, doivent-ils profiter à l'électeur ?

La Cour royale d'Orléans a résolu cette question par l'affirmative. Son arrêt, en date du 24 décembre 1828, est ainsi conçu : « Considérant que les dépenses relatives à l'établissement et à l'entretien des bourses de commerce sont autorisées par des lois spéciales, et perçues en vertu d'un rôle exécutoire sur les négocians des villes où se trouvent ces établissemens, dans la proportion des droits de patente auxquels leur commerce les assujétit ; considérant que l'impôt des patentes étant dans la classe des contributions directes, la subvention même temporaire et variable relative à l'entretien des chambres de commerce, doit s'additionner avec le principal de cet impôt dont elle est la conséquence, et ne peut, dans le silence de la loi, appartenir à la catégorie des contributions indirectes; la Cour, sans avoir égard à l'arrêté du préfet, ordonne..... »

CHAPITRE VIII.

DE LA DÉLÉGATION D'IMPÔTS.

La loi du 19 juin 1820 porte que les contributions foncières d'une veuve sont comptées à celui de ses fils, à défaut de fils, à celui de ses petits-fils, et à défaut de petits-fils, à celui de ses gendres qu'elle désigne.

Rien de plus célèbre que la controverse élevée entre le Conseil d'Etat et les Cours du royaume sur le sens de cette loi, à savoir si l'existence d'un fils ou petit-fils incapable faisait obstacle à ce qu'une veuve pût déléguer à son gendre. C'est une question du reste que nous ne rappelons que pour mémoire, tant elle est aujourd'hui nettement tranchée.

Sans rassembler ici les nombreux moyens apportés à l'appui d'une opinion qui ne trouve plus de contradicteurs, il nous suffira de dire que les Cours ont considéré qu'en principe et lorsqu'il s'agissait de l'exercice d'un droit, ce n'était jamais qu'à la capacité, nullement à l'existence matérielle, que s'attachait le législateur; qu'ainsi, en matière civile, l'existence d'un héritier incapable de recueillir ne fait point obstacle à ce que l'héritier subséquent recueille le bénéfice de la succession; que de plus, dans le système contraire, le droit que la loi a entendu assurer aux veuves, deviendrait la plupart du temps illusoire; qu'enfin il est de l'esprit d'un gouvernement représentatif tel que le nôtre, où les droits politiques sont essentiellement attachés à la propriété, que celle-ci soit représentée le plus complètement possible. C'est sur ces motifs qu'elles ont constamment basé leur jurisprudence.

Ainsi fixés sur les expressions de la loi, nous observons que, décisive en ses termes, elle ne permet de comprendre dans la délégation que l'impôt foncier. Pourquoi cependant cette faveur ne serait-elle pas étendue au commerce? Mais il n'est pas nécessaire que, pour en faire l'objet, cet impôt s'élève à 300 fr.; quelle que soit la somme que la veuve acquitte, elle peut la faire comprendre dans le cens du délégataire, qui en sera augmenté d'autant. Il n'est pas non plus indispensable que celui-ci paie quelque impôt pour être habile à recueillir cette délégation, si à elle seule elle suffit pour le faire électeur ou éligible. Point d'obstacle enfin à ce qu'un individu en réunisse plusieurs : sa mère et ses aïeules peuvent, ainsi que la mère de sa femme, le choisir pour leur délégataire.

La disposition de la veuve subsiste jusqu'à révocation, sans qu'elle ait besoin d'être renouvelée d'élection en élection. Le gendre même devenu veuf peut en conserver le bénéfice.

Il n'est pas besoin d'ajouter que le convol de la veuve, en attribuant à son nouvel époux les impôts qu'elle paie, fait cesser de plein droit les effets de la désignation. Il en serait de même du second mariage du gendre devenu veuf, qui, en l'appelant dans une nouvelle famille, lui ôte nécessairement le droit de représenter celle à qui une première alliance l'attachait.

On a demandé si la veuve pouvait comprendre dans la délégation l'impôt des biens de ses enfans mineurs dont la loi lui attribue l'usufruit légal, et, chose étrange, lorsque personne ne refuse au père le droit d'en profiter pour lui-même, on a prétendu que la veuve ne pouvait en faire profiter son gendre. C'est comme tutrice, a-t-on dit, et non comme usufruitière, qu'elle paie ces impôts, et on n'a pas songé que la loi démentait formellement cette assertion, qui, dans l'art. 385 du Code civil, n'accorde précisément la jouissance dont il s'agit qu'à la condition d'acquitter toutes les charges de fruits. C'est donc de la bourse de la veuve usufruitière que sortent les impôts payés pour les biens dont elle a la jouissance, et elle a incontestablement le droit d'en faire jouir son délégataire.

Reste encore à décider une question grave, celle de savoir si la femme divorcée doit être assimilée à la veuve.

Nous ne balancerons pas à nous prononcer pour l'affirmative, avec la seule Cour qui ait été appelée à juger la difficulté. La loi, il est vrai, garde le silence, mais que peut-on en induire, sinon que le divorce n'étant plus dans nos Codes, elle n'a pas dû se référer à des dispositions mortes, mais laisser à la sagesse des magistrats le soin de faire une assimilation qui se présente d'elle-même? La femme divorcée est une veuve, car son mariage est dissous (C. C., art. 227); elle a recouvré l'entière disposition de sa personne et de ses droits, et comme la veuve, elle ne conserve de son premier époux que son nom et les reprises de son contrat. Puis donc qu'elle est absolue maîtresse de ses propriétés, puisque seule elle en acquitte le cens et pourrait par son mariage en porter le bénéfice à un nouvel époux, par quelle défaveur lui serait-il refusé d'en faire profiter son fils ou son gendre?

CHAPITRE IX.

DES ÉLIGIBLES.

Nous avons vu qui était électeur, il nous reste à examiner quelles conditions sont requises en plus pour être éligible. L'article 38 de la Charte porte : « Aucun député ne peut être admis dans la Chambre s'il n'est âgé de quarante ans et s'il ne paie une contribution directe de mille francs. » Mais l'article 39, en ajoutant que s'il ne se trouve pas dans le département cinquante personnes de l'âge indiqué, payant au moins mille francs de contribution directe, leur nombre sera complété par les plus imposés au-dessous de mille francs, et que ceux-ci pourront être élus concurremment avec les premiers, modifie gravement cette disposition rigoureuse. Par ce moyen, se trouve rendue au choix des électeurs une liberté qui autrement aurait pu se trouver fixée dans de trop étroites limites.

Si la loi, en exigeant de l'éligible un cens plus fort, a voulu de lui une garantie plus forte de l'intérêt qu'il doit prendre à la prospérité du pays, elle a voulu aussi qu'autant que possible des liens particuliers l'attachassent au département qu'il doit représenter. C'est donc une disposition judicieuse que celle de l'art. 42, qui porte que la moitié au moins des députés sera choisie parmi les éligibles qui ont leur domicile politique dans le département.

Nous avons déjà vu comment ce domicile pouvait s'acquérir, nous avons vu aussi que des lettres spéciales sont nécessaires à l'étranger naturalisé français depuis 1814, pour siéger dans l'une ou l'autre des deux Chambres; quant aux autres questions qui pourraient s'élever relativement, soit au cens, soit à la possession, soit aux délégations qu'invoquerait l'éligible, comme elles lui sont nécessairement communes avec l'électeur, en les résolvant pour l'un nous les avons résolues pour l'autre.

Mais que cette fois encore il nous soit permis d'appeler l'attention publique sur les garanties morales que la loi semble entièrement oublier pour ne s'occuper que de garanties matérielles. Suffit-il qu'un âge et qu'un cens soient requis, et ne faudrait-il pas requérir aussi l'indépendance, cette première vertu du député? Ne faudrait-il pas que les fonctionnaires publics fussent déclarés inéligibles aux fonctions législatives? — En effet, dans un état constitutionnel, ce n'est que par la division des pouvoirs que la liberté peut se maintenir pleine et entière. Les Chambres sont comme une cour politique devant laquelle le ministre et ses agens sont essentiellement responsables. Or, ne répugne-t-il pas à la raison que le justiciable vienne prendre place parmi ses juges? Ne faut-il pas que ceux-ci soient non-seulement irréprochables, mais encore irréprochés? D'ailleurs, le temps des membres du pouvoir exécutif est précieux, et il est à craindre que celui-là qui commande et exécute à la fois, à la fois aussi ne remplisse mal les fonctions de juge et d'exécuteur. Il est permis au citoyen de faire un sacrifice qui n'intéresse que sa fortune, mais il n'appartient pas à l'administrateur de sacrifier les intérêts de ses administrés.

Du reste, en établissant cette théorie, nous n'entendons déverser aucun blâme sur les membres du pouvoir exécutif. Les principes seuls sont ici en cause, et c'est pour cela que si nous avions l'honneur d'être l'un d'eux, nous refuserions une place sur les bancs de la législature.

CHAPITRE X.

DE L'INSCRIPTION SUR LES LISTES.

Les listes électorales sont aujourd'hui permanentes. Une fois inscrit sur ces listes, il y a droit acquis pour le citoyen; il y a présomption légale qu'il n'a point cessé de remplir les conditions voulues par la loi, et il faut, pour qu'il puisse cesser d'en faire partie, qu'une décision juridique vienne établir le contraire.

Cependant, chaque année apporte des modifications à l'état et au nombre des électeurs, chaque année une génération nouvelle atteint l'exercice de son droit, chaque année donc une révision est nécessaire, et cette révision la loi l'ordonne. C'est du 1er au 10 juin que les maires doivent recueillir les documens relatifs au mouvement des droits électoraux. A partir du 1er juillet, le préfet, sur ces documens, s'occupe de la rectification de la liste, et le 15 août, il la publie ainsi rectifiée. (L. du 2 juillet 1828.)

Cette publication tient lieu de notification aux personnes dont l'inscription a été ordonnée; mais dans le cas de radiation, on a dû prendre un moyen plus direct; toute décision portant radiation doit donc être notifiée, dans les dix jours, à celui qu'elle concerne, ou au domicile qu'il est tenu d'élire pour l'exercice de ses droits politiques s'il n'habite pas le département. Cette notification est faite suivant le mode employé pour les jurés, conformément à l'article 38 du *C. d'instruct. crimin.* Après la publication, le préfet ne peut plus faire de changemens qu'en vertu de décisions prises en conseil de préfecture. (Articles 7, 8 et 9, L. précitée.)

Un délai est fixé pour les réclamations, du 15 août au 30 septembre inclusivement, et pendant ce délai il est tenu au secrétariat général de la préfecture un registre où sont inscrites, à la date de leur présentation et suivant un ordre de numéros, toutes les réclamations concernant la teneur des listes. Ces réclamations sont signées par le réclamant, ou par son fondé de pouvoirs. (Art. 10, même L.)

En effet, après le travail uniquement préparatoire de l'administration, vient la tâche de la justice, qui seule a caractère pour statuer sur les droits de tous. Des citoyens ont peut-être été omis sur la liste où ils devaient figurer, et ils peuvent réclamer leur inscription; d'autres y ont peut-être été indûment portés, et leur radiation doit être prononcée. Pour parvenir à une plus grande publicité des listes, trois sortes de personnes sont appelées à concourir à leur apurement, le préfet, l'intéressé, les tiers-électeurs.

Le préfet, qui représente ici l'intérêt général, peut et doit réparer d'office l'erreur qu'il reconnaît avoir été commise, par une décision prise en conseil de préfecture et motivée à l'appui.

L'intéressé, c'est-à-dire tout individu qui croirait devoir se plaindre d'avoir été indûment inscrit, omis, ou rayé, ou de toute autre erreur commise à son égard, comme pour la quotité ou le genre de ses impôts, ou bien encore le lieu où il les paie, peut, dans le délai mentionné, présenter sa réclamation, qui devra être appuyée de pièces justificatives.

Le même droit est acquis aux tiers inscrits sur la liste du département. La loi leur ouvre un moyen de suppléer à la négligence ou à l'oubli des préfets, en requérant, selon les circonstances, l'inscription ou la radiation d'un électeur, ou même la rectification de toute autre erreur; mais la loi aussi leur impose l'obligation de fournir la preuve que leur réclamation a été notifiée à la partie, qui a dix jours pour y répondre.

Il n'est pas nécessaire du reste que le réclamant se présente en personne : le droit commun, ainsi que les termes précis de la loi, l'autorisent à se faire représenter par un mandataire. Or, aux termes du C. civ., art. 1985, le mandat peut être donné ou par acte public, ou par écrit sous seing privé, même par lettre. Les femmes et les mineurs émancipés peuvent être choisis pour mandataires. (Art. 1990.)

Dans les cinq jours qui suivent la réception de la demande, si elle est formée par la partie elle-même ou son représentant, ou à l'expiration du délai fixé pour la réponse, si elle est formée par un tiers, le préfet doit statuer dans les formes prescrites.

Jusqu'ici nous n'avons vu le préfet que comme simple commissaire enquêteur, en d'autres termes comme officier de l'état politique des citoyens : ici, la loi lui imprime un autre caractère ; elle le constitue en quelque sorte juge de première instance. En cela satisfait-elle aux principes? est-il bon que ces deux qualités se trouvent réunies dans un même individu, et que celui-là qui hier n'était que rapporteur, se trouve aujourd'hui juge de son rapport? Est-ce enfin une institution bien judicieuse que ce conseil de préfecture, donné à un agent responsable, comme pour diminuer sa responsabilité ? Ce sont des questions qu'il ne nous appartient pas de résoudre, satisfaits de les soumettre à de plus éclairés.

Tous les quinze jours, il est publié un tableau de rectification, d'après les décisions rendues, et la notification en est faite, comme il a été dit ci-dessus. Le 16 octobre, la liste est close ; le dernier tableau de rectification, l'arrêté de clôture et la liste du collége départemental sont affichés le 20 du même mois, et dès lors il ne peut plus être fait de changemens qu'en vertu d'arrêts rendus par la Cour royale du ressort.

Toute partie qui se croit fondée à contester une décision rendue par le préfet en conseil de préfecture, peut porter son action devant elle. Dans le cas toutefois où il s'agit d'une demande en inscription formée par un tiers, l'individù dont l'action était réclamée a seul le droit de rompre le silence et de s'adresser à justice. L'exploit introductif d'instance doit, à peine de nullité, être notifié, dans les dix jours, tant au préfet qu'aux parties intéressées.

La loi a singulièrement simplifié la procédure en

matière électorale. La cause doit être jugée sommairement, toutes affaires cessantes, et sans qu'il soit besoin du ministère d'avoué; les actes judiciaires auxquels elle donne lieu sont affranchis de tous droits d'enregistrement. Mais les moyens de l'éclairer ne sont pas négligés pour cela : l'affaire est rapportée en audience publique par un des membres de la Cour, et l'arrêt n'est prononcé que sur les conclusions du ministère public, qui, lui aussi, doit veiller sur nos libertés.

L'individu inscrit sur la liste et pour une certaine quotité ayant, comme nous l'avons vu, tant pour son inscription que pour son cens, une présomption légale, le recours et l'acte intentés par suite d'une décision qui raie un individu de la liste, ou qui lui attribue un cens moindre que celui pour lequel il était précédemment inscrit, ont un effet suspensif.

Le préfet, sur la notification de l'arrêt intervenu, fait sur la liste la rectification prescrite.

La loi attache au pourvoi de cassation les mêmes priviléges qu'à l'action devant la Cour royale. Elle l'affranchit également des droits d'enregistrement et de la consignation d'amende. Quelques jurisconsultes avaient pensé que cette faveur si hautement signalée du législateur, cet empressement qu'il témoigne pour une prompte solution des difficultés qui intéressent notre état de citoyen, devaient dispenser le pourvoi de l'examen préalable de la chambre des requêtes. Mais, quoique soutenu par le talent de Me Odillon-Barrot, ce système n'a pu triompher.

CHAPITRE XI.

DES LISTES DE DÉPARTEMENT.

La loi du 29 juin 1820, constitutive des colléges de département, dispose qu'ils sont composés des électeurs les plus imposés en nombre égal au quart de la totalité des électeurs de département.

De là il suit que ce n'est qu'après la rectification des listes d'arrondissement que le préfet doit dresser celle du département. La loi du 2 juillet 1828 en a une disposition spéciale. De là suit encore que celle-ci doit être modifiée suivant que les décisions de la Cour royale augmentent ou resserrent le nombre des électeurs.

On a demandé si pour établir le nombre des électeurs d'arrondissement qui doivent former le collége départemental, il fallait avoir égard aux fractions, quand ces fractions excédaient de plus d'une unité un multiple de quatre. Les circulaires ministérielles ont avec raison décidé l'affirmative. Ainsi le quart de 121 ne sera que de 30, mais celui de 122 sera de 31, vu que dans cette circonstance il est juste de résoudre la difficulté dans le sens le plus large et le plus favorable aux électeurs d'arrondissement.

Ces mêmes circulaires ont décidé que, dans le cas

où deux électeurs, payant la même contribution, se trouveraient en concurrence, la préférence devrait être accordée au plus âgé, comme la loi elle-même l'a décidé pour le cas où deux candidats obtiennent au scrutin le même nombre de suffrages.

CHAPITRE XII.

DU PRÉSIDENT, DU BUREAU ET DES OPÉRATIONS DES COLLÉGES ÉLECTORAUX.

Le président de chaque collége électoral est nommé par le Roi. Le bureau se compose en outre de quatre scrutateurs et d'un secrétaire. (L. du 5 février 1817.)

Le président du collége en est membre de droit. D'où il suit qu'on n'a aucune justification à lui demander. Peu importe qu'il ait ou non son domicile politique dans le département ; et l'on pourrait croire même que le choix dont il est honoré le dispense de l'âge et du cens fixés par les lois. Mais cette magistrature temporaire une fois expirée, il redevient soumis à toutes les conditions requises pour être électeur.

Si le collége est divisé en plusieurs sections, ce qui ne peut avoir lieu que lorsqu'il comprend plus de six cents membres, le président reste attaché à la première. Le bureau de chacune des autres se compose d'un vice-président, également nommé par le Roi, de quatre scrutateurs et d'un secrétaire.

Le président ou vice-président nomme les membres du bureau provisoire. Le bureau définitif est nommé par le collége ou la section, à un seul tour de scrutin de liste pour les scrutateurs, et individuel pour le secrétaire, à la pluralité des voix.

Les présidens et vice-présidens ont seuls la police des colléges. Mais c'est au bureau seul, où trois des membres qui le composent doivent toujours être présens, qu'il appartient de statuer sur les difficultés qui s'élèvent relativement aux opérations du collége, sauf la décision définitive et souveraine de la Chambre des Députés.

La session des colléges est de dix jours au plus. Chaque séance s'ouvre à huit heures du matin, et se clôt après le dépouillement du scrutin, qui, après être resté ouvert pendant six heures au moins, est clos à trois heures et dépouillé séance tenante. L'état du dépouillement du scrutin de chaque section est arrêté et signé par le bureau. Il est immédiatement porté par le vice-président au bureau du collége, qui fait, en présence des vice-présidens de chaque section, un recensement général des votes. Le résultat en est sur-le-champ rendu public.

Là se termine la tâche matérielle de l'électeur : il est d'autres devoirs dont nous n'avions pas à l'entretenir. Ceux-là sont contenus dans le serment qu'il prête avant de déposer son vote, serment de fidélité au Roi et à la Charte. C'est de leur accomplissement, éclairé par sa conscience, que devra sortir, et qu'espérons-le, sortira toujours une majorité respectueuse envers le trône autant que fidèle au pays.

BIBLIOTHÈQUE NATIONALE
R.F.
IMPRIMÉS

www.ingramcontent.com/pod-product-compliance
Ingram Content Group UK Ltd.
Pitfield, Milton Keynes, MK11 3LW, UK
UKHW022106190726
13855UKWH00002B/680

9 782013 454711